AUF ENGEN PFADEN. DIE RUMÄNISCHEN FREIWILLIGEN IN DEN INTERNATIONALEN BRIGADEN IM SPANISCHEN BÜRGERKRIEG

LAURA POLEXE

Laura Polexe

AUF ENGEN PFADEN

Die rumänischen Freiwilligen
in den Internationalen Brigaden im
spanischen Bürgerkrieg

ibidem-Verlag
Stuttgart

Bibliografische Information der Deutschen Nationalbibliothek
Die Deutsche Nationalbibliothek verzeichnet diese Publikation in der
Deutschen Nationalbibliografie; detaillierte bibliografische Daten sind im
Internet über http://dnb.d-nb.de abrufbar.

Bibliographic information published by the Deutsche Nationalbibliothek
Die Deutsche Nationalbibliothek lists this publication in the Deutsche Nationalbibliografie;
detailed bibliographic data are available in the Internet at http://dnb.d-nb.de.

∞

Gedruckt auf alterungsbeständigem, säurefreien Papier
Printed on acid-free paper

ISBN-10: 3-89821-989-5

ISBN-13: 978-3-89821-989-1

© *ibidem*-Verlag
Stuttgart 2009

INHALT

Vorwort

Grundlage dieser Untersuchung ist eine im Sommersemester 2006 an der Albert-Ludwigs-Universität entstandene Arbeit mit dem Titel „Die rumänischen Freiwilligen in den Internationalen Brigaden im Spanischen Bürgerkrieg". Damals jährte sich der Beginn des Bürgerkriegs zum 70. Mal – nun sind 70 Jahre seit dessen Ende vergangen. In der Zwischenzeit ist eine Menge an neuer Literatur auf den Markt gekommen und auf vielen Konferenzen wurde über Ursachen und Auswirkungen des spanischen Bürgerkriegs debattiert. Im Mittelpunkt sollten aber immer die Menschen stehen. Dies ist auch das Ziel der vorliegenden Studie, die für die Publikation leicht überarbeitet wurde – es sind die Freiwilligen, die Geschichte geschrieben haben. Ihre Stimmen sollen gehört werden.

Der größte Dank gebührt meiner Mutter, die immer an mich geglaubt und mich unterstützt hat. Ihr ist diese Studie gewidmet. Zu Dank bin ich auch meinen Doktorvätern verpflichtet: Prof. Dr. Dietmar Neutatz (Freiburg) dafür, dass er die Arbeit unterstützt, angenommen und kritisch begutachtet hat; Prof. Dr. Heiko Haumann (Basel) dafür, dass er mich durch seine lebensweltliche Herangehensweise auf die Menschen hinter den Strukturen aufmerksam gemacht hat. Danke auch an Claudia Baumann, Susanne Hacker und Daniel Ursprung, die korrigiert, kommentiert und kritisiert haben. Schließlich geht ein besonderer Dank an George Tudosie, der mich als Fachfremder in langen Gesprächen auf viele Aspekte und Interpretationsmöglichkeiten hingewiesen hat.

Freiburg, im Dezember 2008

1. Einleitung

1.1. Problemstellung und Forschungsstand

Am 18. Juli 2006 jährte sich der Beginn des Spanischen Bürgerkriegs zum 70. Mal. Auch wenn er zeitlich zwischen den zwei Weltkriegen einzuordnen ist, so kommt ihm dennoch eine große Bedeutung zu. Es war der erste Krieg, in dem sich die Öffentlichkeit so stark für oder gegen eine der konkurrierenden Seiten entschied. Weder Erdöl, noch Kolonien oder Gold waren sein Antrieb oder entscheidender Grund. Durch den Versuch einiger Repräsentanten der rechtsgerichteten militärischen und politischen Elite Spaniens, die Macht im Land mittels eines Putsches zu übernehmen, brach der Bürgerkrieg aus. Es war der Höhepunkt der Widersprüche, die innerhalb der spanischen Gesellschaft schon mindestens seit dem 19. Jahrhundert existierten. Für Spanien bedeutete dieser Krieg eine traumatische Zäsur, die zwar die Möglichkeit einer anarchistisch-sozialistischen Revolution vereitelte, aber gleichzeitig alle demokratisch-reformistischen Orientierungen mehrere Jahrzehnte lang einfror.[1]

Spanien war für die auswärtigen Akteure nur ein Schauplatz des Kampfes um die ideologische Vorherrschaft in Europa. Der innerspanische Konflikt rückte in den Hintergrund. Für die Öffentlichkeit wurde dieser Bürgerkrieg zu einem Stellvertreterkrieg zwischen Faschismus und Demokratie – so sah es die Linke, beziehungsweise aus der Sicht der Rechten zwischen Bolschewismus und Gerechtigkeit. Den Konflikt trug man nicht nur in Spanien aus, sondern auch auf der offenen Bühne Europa. Die militärische Hilfe, die Adolf Hitler und Benito Mussolini den Putschisten[2] gewährten, bot den Grund für die Einmischung der Sowjetunion, gleichzeitig aber auch den Beweggrund Tausender von Freiwilligen aus über 50 Ländern, sich für diesen Krieg – mit dem Preis ihres

---

[1] Bernecker, Walther L.: Spanische Geschichte von der Reconquista bis heute. Darmstadt 2002, S. 174-175.
[2] Im Folgenden werden mehrere Bezeichnungen für die Organisateure des Putschs und ihren Anhängern verwendet: Putschisten, Nationalisten, Franquisten, Aufständische. Alle sind berechtigt, auch wenn sie im Hinblick auf die Debatten in der internationaler Rechtstheorie unterschiedliche Bedeutungen hätten. Zu dieser Debatte siehe Van Wyen Thomas, Ann/ Thomas, A.J., Jr.: The Civil War in Spain, in: Falk, Richard A. (Hg.): The International Law of Civil War. Baltimore / London 1971, S. 111 –175.

Lebens – zu engagieren. Darunter befanden sich über 400 Rumänen. Wer waren diese Freiwilligen? Woher kamen sie? Was veranlasste sie, ihre Familien zu verlassen und ihre Berufe aufzugeben, um im spanischen Bürgerkrieg – fernab ihrer Heimat – zu kämpfen, wissend, dass sie dabei ihr Leben riskierten?

Die Recherche zu diesem Thema war sehr schwierig, da man sich in Rumänien kaum damit beschäftigt hat. Zum spanischen Bürgerkrieg selbst und zu den Internationalen Brigaden dagegen gibt es eine kaum noch überschaubare Menge an Literatur, weswegen hier im Folgenden nur die aus meiner Sicht wesentlichen und neuesten Werke berücksichtigt werden. Zur Geschichte Spaniens und des Bürgerkriegs sind die Bücher von Pierre Vilar und Walther L. Bernecker nach wie vor unerlässlich.[3] Eine noch in den 80er Jahren entstandene Bibliographie hilft zur Übersicht der bis dahin entstandenen Monographien und Aufsätzen zu diesem Thema.[4] Für den englischsprachigen Raum gehören die Bücher von James Anderson, Paul Preston, Anthony Beevor und Helen Graham zu den wichtigsten Referenzen über den spanischen Bürgerkrieg.[5]

Zum internationalen Kontext und der internationalen Dimension des Konflikts in Spanien gibt es auch viel Literatur. Für diese Arbeit wurden jedoch nur Werke berücksichtigt, die im Bezug zur Linken und zu den Internationalen Brigaden standen, nicht aber zur deutschen und italienischen Intervention in Spanien. Auf diesem Gebiet sind die im angelsächsischen Raum entstandenen Monographien von Stanley G. Payne, Gerald Howson und Dan R. Richardson maßgebend.[6] Eine aufschlussreiche Quellensammlung zum Thema des Eingriffs der Sowjetunion in den spanischen Bürgerkrieg haben Ronald Radosh u.A. 2001 publiziert.[7] Im deutschsprachigen Raum liegt mit der Arbeit von Frank Schauff

---

[3] Vilar, Pierre: Der spanische Bürgerkrieg 1936-1939. Berlin 1999; Bernecker, Spanische Geschichte.

[4] Ruhl, Klaus-Jörg: Der Spanische Bürgerkrieg. Literaturbericht und Bibliographie. Koblenz. Bd. I 1982, Bd. II 1988.

[5] Anderson, James M.: The Spanish Civil War. A History and Reference Guide. Westport/ London 2003; Preston, Paul: The Spanish Civil War 1936-1939. London 1990; Beevor, Anthony: Der Spanische Bürgerkrieg. München 2006; Graham, Helen: The Spanish Republic at War. Cambridge 2002.

[6] Payne, Stanley G.: The Spanish Civil War, the Soviet Union, and Communism. London/ New Haven 2004; Howson, Gerald: Arms for Spain. The Untold Story of the Spanish Civil War. London 1998; Richardson, Dan R.: Comintern Army. The International Brigades in the Spanish Civil War. Lexington 1982.

[7] Radosh, Ronald/ Habeck, Mary/ Sevostianov, Grigory (Hgg.): Spain betrayed. The Soviet Union in the Spanish Civil War. London/ New Haven 2001.

erstmals ein komplettes und die neuesten Quellen berücksichtigendes Werk zu diesem Thema vor.[8]

Die Menge an Quellen und Literatur über die Internationalen Brigaden und die einzelnen darin vertretenen Nationen ist extrem groß und unüberschaubar. Die meisten Quellen und Darstellungen sind über die amerikanischen, englischen, deutschen, österreichischen, jüdischen und schweizerischen Freiwilligen. Kulturwissenschaftliche und alltagsgeschichtliche Forschungen stehen in diesem Gebiet aber noch aus. Obwohl schon vor über 30 Jahren und ohne Zugang zu Quellen geschrieben, stellt heute noch immer die Monographie von Andreu Castells das Referenzwerk zu den Internationalen Brigaden dar.[9] 1998 erschien im spanischen Sprachraum ein fast gleichnamiges Buch des Journalisten César Vidal, welches aber keine neuen Erkenntnisse mit sich brachte, da es mehr oder weniger eine bleiche Kopie von Castells´ Buch darstellt.[10] Es ist nur dahingehend empfehlenswert, da die Struktur der Internationalen Brigaden und deren Aufteilung durch die sich im Anhang befindenden Tabellen klar gemacht wird. Für den deutschsprachigen Raum leisten die Werke von Klaus Hommel und Angela Berg einen entscheidenden Beitrag, auch wenn beide eher auf die deutschen Freiwilligen eingehen.[11] Schließlich ist 2006 auch eine „Bibliographie der Internationalen Brigaden" mit Namensverzeichnis der teilnehmenden Interbrigadisten erschienen.[12]

Fragestellung

Das Komplizierte war aber, etwas über die rumänischen Freiwilligen in Spanien in Erfahrung zu bringen. Wer waren sie? Wieso wollten sie nach Spanien, was war ihre Motivation? Wie und von wem wurde sie rekrutiert? Wie kamen sie nach Spanien? Wie sah ihre Tätigkeit bei den Internationalen

---

[8] Schauff, Frank: Der verspielte Sieg. Sowjetunion, Kommunistische Internationale und Spanischer Bürgerkrieg 1936-1939. Frankfurt am Main 2004.
[9] Castells, Andreu: Las Brigadas Internacionales de la Guerra de España. Barcelona 1974.
[10] Vidal, César: Las Brigadas Internacionales. Madrid 1998.
[11] Hommel, Klaus: Die Internationalen Brigaden im Spanischen Bürgerkrieg 1936-1939. Regensburg 1990; Berg, Angela: Die Internationalen Brigaden im Spanischen Bürgerkrieg. Essen 2005.
[12] Rodríguez de la Torre, Fernando: Bibliografía de las Brigadas Internacionales y de la participación de extranjeros a favor de la República (1936 - 1939), Albacete 2006.

Brigaden aus? Wie nahmen sie die Verhältnisse in Spanien wahr? Wie nahmen sie sich selbst war? Was geschah nach dem Ende des Bürgerkriegs? Wie wurden die ehemaligen Spanienkämpfer in Rumänien aufgenommen?

Wie auch für die Freiwilligen anderer Nationen, die in den Internationalen Brigaden kämpften, galt auch für die Rumänen, dass die Rekrutierung durch die Kommunistische Partei geschah. In der gängigen Literatur zur Frühphase der Rumänischen Kommunistischen Partei ist aber kaum davon die Rede.[13] Bestenfalls wird nur *en passant* erwähnt, dass es rumänische Kommunisten gab, die sich in der Zwischenkriegszeit für den spanischen Bürgerkrieg engagierten. Ende der 60er, Anfang der 70er Jahre sind einige wenige Artikel in rumänischen historischen Zeitschriften zum Thema ehemaliger Spanienkämpfer erschienen;[14] diese unterscheiden sich jedoch kaum von den Darstellungen, die Anfang der 70er Jahre erschienen sind: die einzigen beiden Memoirenbände, die es von und über die rumänischen Freiwilligen in den Internationalen Brigaden gibt.[15] Aus diesem Grund wurden die Memoirenbände als hauptsächliche Quelle benutzt.

Der Grund für dieses lange Schweigen, wohingegen beispielsweise in der DDR das Thema des spanischen Bürgerkriegs ein erzieherisches Anliegen war[16],

---

[13] King, Robert R.: A History of the Romanian Communist Party. Stanford 1980; Frunză, Victor: Istoria stalinismului în România [Geschichte des Stalinismus in Rumänien]. Bukarest 1990; Hitchins, Keith: An Outline History of the Communist Movement in Rumania, 1917-1944, in: Jahrbuch für Historische Kommunismusforschung 1998, S. 51-76; Tismăneanu, Vladimir: Stalinism for All Seasons. A Political History of Romanian Communism. Berkeley 2003; Tănase, Stelian: Clienţii lu´ Tanti Varvara. Istorii Clandestine [Die Klienten der Tante Varvara. Untergrundgeschichten]. Bukarest 2005.

[14] Constantinescu-Iaşi, P./ Babici, Ion: La participation du peuple roumain a la lutte internationale antifasciste, in: Revue Roumaine d'Historie 8 (4)/ 1969, S. 731-750; Minea, Stan/ Florescu, Mihail: Solidari cu Spania frontului popular la chemarea partidului comunist român [Solidarität mit der Volksfront in Spanien beim Ruf der Rumänischen Kommunistischen Partei], in: Magazin Istoric 5 (49)/ 1971, S. 13-20; Roman, Valter: 35 de ani de la crearea brigăzilor internaţionale din Spania [35 Jahre seit der Entstehung der Internationalen Brigaden in Spanien], in: Anale de Istorie 18 (1) / 1972, S. 166-168.

[15] Adorian, Gheorghe u.A. (Hgg.): Voluntari români în Spania. Amintiri şi documente [Rumänische Freiwillige in Spanien 1936-1939. Erinnerungen und Dokumente]. Bukarest 1971. Das Werk von Adorian ist ein Sammelband, in welchem neben einigen Dokumenten die Memoirentexte von 23 ehemaligen Spanienkämpfern veröffentlicht wurden. Roman, Valter: Sub cerul Spaniei. Cavalerii Speranţei [Unter dem Himmel Spaniens. Ritter der Hoffnung]. Bukarest 1972. Roman beteuert in der Einleitung zu seinem Buch, dass er es schon 1954 geschrieben hat, es jedoch wegen der damaligen politischen Ereignisse nicht erscheinen konnte.

[16] McLellan, Josie: Antifascism and Memory in East Germany. Remembering the International Brigades 1945-1989. Oxford 2004, S. 46.

ist darin zu suchen, dass nach 1951 die Kommunisten, die im Westen gewesen waren, aus dem öffentlichen Leben hinausgedrängt wurden. Der Widerstand gegen den Faschismus und die Rechte allgemein war Teil der Entstehungsgeschichte der Rumänischen Volksrepublik und der Rumänischen Kommunistischen Partei. Durch die Jagd auf „Spione des Westens", „Volksverräter" und „Abweichler" und die darauf folgenden Prozesse Anfang der 50er Jahre, machte das Verständnis des Rasters Faschismus-Antifaschismus in den Satellitenstaaten der UdSSR einen Wandel durch, so dass der Begriff „Faschismus" auf das gesamte westliche Europa ausgedehnt wurde.[17] Ehemalige Spanienkämpfer und Aktivisten in der Résistance in Frankreich wurden als Spione und Agenten gebrandmarkt und aus den öffentlichen Strukturen beseitigt. Dadurch aber, dass in Rumänien auch persönliche Abrechnungen mit ins Spiel kamen, verschwand jede Spur von den Spanienkämpfern. Sie wurden zwar Ende der 60er Jahre rehabilitiert, das Vergessen war aber schon so groß, dass es nicht mehr wettgemacht werden konnte. Das macht sich bis heute vor allem darin bemerkbar, dass man sich mit diesem Aspekt der rumänischen Zwischenkriegszeit (einer ansonsten sehr gut erforschten Zeitspanne) auch nach der Wende von 1990 nicht beschäftigt hat, trotz der Tatsache, dass die Rekrutierung von über 400 Freiwilligen für den spanischen Bürgerkrieg eine Höchstleistung der Rumänischen Kommunistischen Partei darstellt – zu der Zeit war sie nämlich noch verboten.

Erstaunlich ist in diesem Zusammenhang auch, dass sich vor allem die älteren Generationen in Rumänien beim Stichwort „Freiwillige im spanischen Bürgerkrieg" eher an die sieben Freiwillige der rechtsextremen Szene erinnern, die wenige Monate lang auf der Seite der Aufständischen kämpften. Auf diesen Aspekt traf ich vor allem während meines Rechercheaufenthalts in Rumänien, da ich mich mehrmals auf den Einwand, wieso ich denn über die rumänischen Legionäre[18] schreiben wollte, rechtfertigen musste.

Das Hauptziel dieser Untersuchung ist in erster Linie, eine Lücke in der Geschichtsschreibung Rumäniens und der Rumänischen Kommunistischen Partei zu schließen, aber auch allgemein in der Geschichtsschreibung der Internationalen Brigaden, wo die rumänischen Freiwilligen fast keine Beachtung

---

[17] Ebenda, S. 51.
[18] So wurden die Repräsentanten der rechtsextremen Szene genannt.

finden. In diesem Kontext stellt sich auch die Frage nach der qualitativen und quantitativen Bedeutung der rumänischen Spanienkämpfer. Wie wirkte sich der Spanieneinsatz auf sie selbst und ihre Selbstwahrnehmung, auf die Internationalen Brigaden und auf die rumänische Linke aus? War das Projekt „Spanien" der Rumänischen Kommunistischen Partei erfolgreich? Wie schaffte es die Partei, so viele Freiwillige nach Spanien zu entsenden? Wie erfuhren die Leute von der Rekrutierung? War es ein „netzwerkinternes" Thema? Wie typisch war ihre „Karriere", warum wurden gerade sie zu Spanienkämpfern? In welcher Zusammensetzung trugen Komponenten wie Ideologie, soziale Herkunft, persönliche Erfahrungen in der Zwischenkriegszeit, allgemeines politisches Klima oder Abenteuerlust zur Motivation und Rekrutierung bei? Was davon überwog, ergeben sich daraus bestimmte Motivationsmuster (also etwa „Überzeugungstäter", die vor allem aus ideologischen Motiven zu Spanienkämpfern wurden, versus „romantische Abenteurer", „Verfolgte" oder „Frustrierte")? Wie steht es mit der regionalen Herkunft, sind die rumänischen Spanienkämpfer in dieser Hinsicht mit Freiwilligen anderer Herkunft zu vergleichen? Am Einsatz in Spanien selbst interessiert, wie sie im Bürgerkrieg handelten, welche Positionen sie innehatten. Wie nahmen sie die Verhältnisse in Spanien wahr? Konnten sie sich dort „integrieren"? Was passierte mit ihnen nach dem Ende des spanischen Bürgerkriegs? Konnten sie nach Rumänien zurückkehren oder gingen sie andere Wege? Nahmen sie nach 1945 am Aufbau des Kommunismus teil? Wieso wurden sie nach 1950 „gesäubert"?

Auf gewisse andere Fragen – wie zum Beispiel, in wie fern die Kriegserfahrung die Spanienkämpfer in ihrem weiteren Leben beeinflusste – kann nicht eingegangen werden, da die Informationen dazu fehlen und die Antworten darauf zu stark ins Spekulative gehen würden.

1.2. Theoretische und methodische Überlegungen; Quellen

Diese Studie stellt keinen Versuch einer Kollektivbiographie rumänischer Spanienkämpfer dar. Die Aufgabe kollektiver Biographien ist es, mit Hilfe empirischer Daten die soziale Basis einer Personengruppe zu ergründen, um durch eine vergleichende Analyse individueller Biographien kollektive Erfahrungen und Handlungsmuster zu verdeutlichen.[19] Schon durch die Beschaffenheit der Literaturlage und der Quellen (darauf wird im Nächsten gesondert eingegangen) wäre es schwierig, eine kollektive Biographie zu verfassen. Da durch die Memoirenbände nur Aussagen zur sozialen Herkunft und dem gemeinsamen Erfahrungshorizont der Freiwilligen vorliegen, wird diese Arbeit eher deskriptiv als analytisch sein. Bisher fehlen jegliche Anknüpfungspunkte für einen kulturwissenschaftlich orientierten Ansatz. In dieser Hinsicht versteht sich diese Untersuchung als „Wegöffner", da sie das Terrain für solche Fragestellungen ebnet.

Im Weiteren wird vorwiegend auf veröffentlichte Quellen, so wie die schon erwähnten Memoirenbände von Adorian und Roman, Bezug genommen, aber auch auf unveröffentlichte Quellen: Bestände im Rumänischen Nationalarchiv[20] und Interviews, die von Robert Levy mit Mitgliedern der Rumänischen Kommunistischen Partei und Spanienkämpfern für sein Buch über Ana Pauker geführt und der Autorin freundlicherweise zur Verfügung gestellt wurden.[21] Ein Teil der Dokumente, die sich im Rumänischen Nationalarchiv befinden, wurde schon im Memoirenband von Adorian publiziert. Damals jedoch waren sie den Beständen des Archivs des Instituts für Historische und Sozial-politische Studien oder im Archiv des Zentralkomitees der Rumänischen Kommunistischen Partei gelagert. Nach der Wende 1990 wurde durch das Verbot der Kommunistischen Partei auch diesen Archiven die Existenzberechtigung entzogen. Die Dokumente wurden auf andere Archive aufgeteilt, wieder zusammengelegt und wieder aufgeteilt. Das Ergebnis ist, dass

---

[19] Schröder, Wilhelm Heinz: Kollektive Biographien in der historischen Sozialforschung. Eine Einführung, in: ders. (Hg.): Lebenslauf und Gesellschaft. Zum Einsatz von kollektiven Biographien in der historischen Sozialforschung. Stuttgart 1985, S. 7-17.

[20] Arhivele Naționale ale României (ANR), Mikrofilmrolle 1-106-101-82-423. Es ist anzumerken, dass alle Quellenzitate aus dem Rumänischen von der Autorin selbst übersetzt wurden.

[21] Levy, Rober: Ana Pauker. The Rise and Fall of a Jewish Communist. Berkeley 2001.

sich nur die genannte Mikrofilmrolle im Besitz des Nationalarchivs befindet; andere Dokumente „schlummern" vermutlich in Teilarchiven, bis man sie wiederentdeckt. Auf dieser Rolle befinden sich sowohl Dokumente, die schon im Memoirenband von Adorian publiziert wurden, wie auch andere, unveröffentlichte. Auf der anderen Seite waren nicht alle von Adorian abgedruckten und erwähnten Bestände im Archiv auffindbar.

Die Bücher von Adorian und Roman können als Memoirenbände klassifiziert werden, da sie keine Autobiographien darstellen. Im Mittelpunkt einer Autobiographie steht die Entwicklung der individuellen Persönlichkeit, wohingegen Memoiren den Werdegang einer Person in ihrer gesellschaftlichen Rolle widerspiegeln.[22] Sowohl Roman, als auch die Autoren im Sammelband von Adorian lassen zwar autobiographische Details durchsickern, der intensiv behandelte Zeitabschnitt ist aber derjenige der Kriegserlebnisse. Die gelieferten Hauptinformationen sind nicht über die eigene Entwicklung, sondern über soziale und materielle Verhältnisse im Umfeld, Erfahrungen und Außenwahrnehmungen, kulturelle Praktiken und Handlungsmuster. Aus diesen habe ich versucht, die Motivation, die Selbstwahrnehmung und die Weltbilder der rumänischen Freiwilligen zu rekonstruieren.

Bemerkenswert ist erstens, dass die Beiträge im Sammelband chronologisch geordnet sind. Nicht nur, dass sich jeder Schreibende als Chronist der Zeit begreift – jeder scheint die Aufgabe gehabt zu haben, über einen bestimmten Aspekt oder Zeitabschnitt zu berichten und nichts darüber hinaus. Das gleiche gilt auch für die Erinnerungen von Roman. Zweitens ist zu beachten, dass die Sprache der Texte sehr stark propagandistisch ausgerichtet ist – der Text selbst nicht, dafür aber sprachliche Elemente, die eindeutig dem Vokabular kommunistischer Propaganda entstammen. Man kann davon ausgehen, dass diese Elemente der sogenannten „Holzsprache" nötig waren, damit der Band überhaupt publiziert wird. Es ging wohl weniger darum, die Leser für den Kommunismus empfänglich zu machen. Drittens muss beachtet werden, dass Datierung und Chronologie in den Texten sehr leicht „verschwimmen". So kann es oft vorkommen, dass beispielsweise eine gewisse

---

[22] Stephan, Anke: Erinnertes Leben: Autobiographien, Memoiren und Oral-History-Interviews als historische Quellen. In: Digitales Handbuch zur Geschichte und Kultur Russlands und Europas, http://www.vifaost.de/w/pdf/stephan-selbstzeugnisse.pdf; S. 6 [23.01.2006].

Person die gleiche Verletzung in verschiedenen Zeitpunkten erlitten hat. Viertens muss berücksichtigt werden, dass fiktionale Elemente, Erinnerungsstrukturen und politisch-ideologische Diskurse mit in die Texte einfließen. Außerdem muss man davon ausgehen, dass durch den zeitlichen und räumlichen Abstand zum Geschehenen Erinnerungen importiert und Ereignisse umgedeutet werden können.[23] So sind in den meisten Texten der Idealismus und der Wunsch, Spanien zu helfen, als Gründe für das Engagement in den Internationalen Brigaden genannt; die Tatsache, dass man als Kommunist im Rumänien der Zwischenkriegszeit, vor allem wenn man schon vorbestraft oder im Gefängnis gewesen war, ein sehr schweres Leben hatte, wird kaum namentlich erwähnt. Der ideologische Aspekt war vermutlich ausschlaggebend – immerhin glaubte die Generation der Kommunisten der 30er Jahre noch an die Realisation ihres Traums und war von den stalinistischen Praktiken noch weitgehend unberührt. Es ist aber nicht zu leugnen, dass die Perspektivlosigkeit auch eine sehr große Rolle dabei spielte.

Um dieses herauszufinden und auf die Fragestellung antworten zu können, hat die Autorin einen Leitfaden entworfen, mit Hilfe dessen die Quellentexte gelesen wurden. Drei Aspekte waren dabei von Interesse: Autobiographisches (falls es überhaupt vorkam), also Angaben zur Herkunft, zum sozialen, religiösen und familiären Hintergrund, zum Bildungsstatus (inklusive der Militärausbildung) und zum Beruf. Der zweite Aspekt war von den Erfahrungen in Spanien geprägt: die Motivation, wobei auch auf Unterschiede zwischen den einzelnen Berichten geachtet wurde, die Rekrutierung, der Weg nach Spanien, die Tätigkeit dort und die Zugehörigkeit in den Brigaden, Gefühle und Erfahrungen im Krieg, Selbstwahrnehmung, Wahrnehmen der spanischen Verhältnisse und der Verhältnisse zwischen den Rumänen selbst. Als letzter Punkt war von Interesse, was mit den Freiwilligen nach dem Ende des Bürgerkriegs geschah.

---

[23] Ebenda, S. 19.

1.3. Vorgehensweise

Die Struktur der vorliegenden Studie verfolgt im Wesentlichen die Struktur des oben genannten Leitfadens. Vorerst werden aber in drei einleitenden Kapiteln – jeweils über den Bürgerkrieg, die Internationalen Brigaden und Rumänien – die Hintergründe dargestellt. Es war unerlässlich, die Chronologie und die Aspekte des Bürgerkriegs, sowie die Geschichte der Internationalen Brigaden zu präsentieren. Daneben war auch die gesellschaftliche und sozial-politische Entwicklung im Rumänien der Zwischenkriegszeit äußerst wichtig, denn diese lieferte als Gesamtprozess die Basis für die Entscheidung der Freiwilligen, ihr Heimatland zu verlassen und in Spanien in den Krieg zu ziehen. Deswegen wird nach den Kapiteln über den spanischen Bürgerkrieg und die Internationalen Brigaden gesondert auf Rumänien eingegangen. Dabei werden gesellschaftliche und sozial-politische Aspekte erläutert, die Entwicklung der kommunistischen Partei, der rechtsextremen Szene und der jüdischen Problematik beschrieben und außerdem kurz die rumänisch-spanischen diplomatischen Beziehungen dargestellt.

Den Hauptteil der Arbeit bilden die Kapitel 5, 6 und 7. Diese haben die rumänischen Freiwilligen als Thema. Im 5. Kapitel geht es um die Vorbereitungen in Rumänien, um die Herkunft und Motivation der Leute und um die Schwierigkeiten des Weges nach Spanien. Kapitel 6 schildert ihre Erfahrungen und ihr Wirken in Spanien. Dabei wird auch auf die Art und Weise eingegangen, wie sich die Spanienkämpfer selbst im politischen und sozialen Kontext des Krieges wahrgenommen haben. Im 7. Kapitel werden ihre Wege nach dem Ende des Bürgerkriegs dargestellt und ihr Beitrag zum Aufbau des Kommunismus in Rumänien nach 1945 beschrieben.

2. Geschichte Spaniens und des spanischen Bürgerkriegs[24]

2.1. Spanien am Anfang des 20. Jahrhunderts

Die spanische Geschichte der letzten beiden Jahrhunderte war gekennzeichnet durch scharfe Kontraste: große regionale Unterschiede und soziale Konflikte prägten das Bild. Was die regionalen Unterschiede angeht, so waren das Baskenland und Katalonien die wichtigsten wirtschaftlichen und industriellen Drehorte. Deswegen, aber auch stark durch historische Bezüge geprägt, entwickelte sich hier ein Nationalismus mit separatistischen Tendenzen.

Die Ursachen für die Kontraste waren ferner die Existenz weniger Landbesitzer auf der einen und vieler armen Bauern auf der anderen Seite. Die Bauern konnten wegen des Monopols der Großgrundbesitzer (welches auch im sozialen und politischen Bereich vorherrschend war) weder von den Landreformen, noch von der Entwicklung der kapitalistischen Gesellschaft profitieren.[25] Soziale Spannungen waren außerdem durch den Konflikt zwischen Kirche und Staat, sowie durch die aufeinanderfolgende Ablösung der Kolonien vom Mutterland gegeben. Die Politik war ebenfalls durch ihre unklaren Herrschaftsverhältnisse verwirrend: die Aufeinanderfolge von Monarchie und sogenannten „pronunciamentos"[26] erlaubte es keinem System und keiner Regierung, sich richtig zu etablieren. Schlechte Könige hatten den Ruf der Monarchie, Putschversuche und kurzfristige Militärdiktaturen die Demokratisierungsversuche ins Wanken gebracht. Die repräsentative Demokratie verfügte daher über keine breite Basis in der Bevölkerung. Im Allgemeinen war das politische Spektrum in Spanien durch eine sehr starke Heterogenität gekennzeichnet und dieses war auch für – oder vor allem für – die

---

[24] Außer der in folgenden Fußnoten vermerkten Literatur wurden für die Unterkapitel 1,2,3 und 4 wesentlich die Werke von Pierre Vilar, Der spanische Bürgerkrieg und Walther L. Bernecker, Spanische Geschichte, berücksichtigt.

[25] Anderson, The Spanish Civil War, S. 12.

[26] Es handelte sich dabei um zeitlich begrenzte Machtübernahmen des Militärs, bei denen ein General oder mehrere die Machtübernahme erklärten und die meistens keinen oder nur begrenzten bewaffneten Widerstand hervorriefen. Schauff, Der verspielte Sieg, S. 22. Siehe dazu auch: Guereña, Jean-Louis: Armée, société et politique dans l'Espagne contemporaine 1808-1939. Nantes 2003.

Linke der Fall, die zwischen Marxisten, Sozialisten, Anarchisten und Kommunisten gespalten war.

Eines der größten Probleme war, dass die Erwartungen der Bevölkerung bezüglich der Entwicklung des Landes sehr hoch lagen. Im Ersten Weltkrieg hatte Spanien seine Neutralität bewahrt und durch den Verkauf von Rohstoffen und Industrieprodukten (an beide Kriegsparteien) einen großen wirtschaftlichen Aufschwung erlebt. Dieser Aufschwung zog sich in die 20er Jahre hinein und brachte soziale und kulturelle Veränderungen mit sich. Die Gesellschaft erlebte dadurch in kurzer Zeit starke Veränderungen und war zudem vom Druck der Erwartungen geprägt. Dieses war eigentlich die größte „Revolution" in der Zeit – die „Revolution" der sich erhöhenden Erwartungen.[27] Die Depression nach dem Krieg, als die Wirtschaft stagnierte, brachte Arbeiterunruhen mit sich. Das politische Klima verhärtete sich, und die Diktatur des Generals Miguel Primo de Rivera, 1921 – 1931, konnte keinen wesentlichen Beitrag zur Entschärfung der Gegensätze in Spanien leisten.

Bei den Kommunalwahlen von 1931 gewann die Koalition der Sozialisten des PSOE (Partido Socialista Obrero Español, Spanische Sozialistische Arbeiterpartei) mit den Republikanern. Die Zweite Republik war entstanden. Die neu entstandene Regierung versuchte, Reformen durchzusetzen, die vor allem gegen die „latifundistas", die Großgrundbesitzer, und deren Machtzentren gerichtet waren. Auf der einen Seite stellte es sich als schwierige Aufgabe heraus, ein landwirtschaftlich geprägtes, außerhalb der Städte rückständiges Land zu reformieren. Auf der anderen Seite aber waren die beabsichtigten Reformen gegen den Willen der Großgrundbesitzer und der alteingesessenen Oberschicht (Mitglieder der Armee, der Kirche, Royalisten). Diese wünschten sich eine Rückkehr zur Monarchie, um ihre Privilegien auch weiterhin verteidigen zu können. Außerdem verstand es die linksrepublikanische Regierung nicht, die Massen für sich zu mobilisieren und verlor so die Wahlen von 1933, aus welchen eine Mitte-Rechts-Regierung hervorging. Eine Massenmobilisierung hätte es der Regierung erlaubt, von den gleichen Positionen wie die Rechte zu kämpfen. So ironisch es aber sein mag, entsprangen die Linken und die Republikaner einer alten politischen Welt, die

---

[27] Payne, Spanish Civil War, S. 111.

Massenmobilisierungen eher fürchtete als suchte. In dieser Hinsicht erwies sich 1933 die Rechte als die flexiblere politische Macht.[28]

Um die Jahreswende 1935/1936 entwickelte sich eine Volksfront, die um die Wiedergeburt der 1933 gescheiterten Koalition bemüht war. Das Volksfrontbündnis war jedoch von Anfang an durch den Gegensatz zwischen den sich immer stärker radikalisierenden Arbeiter- und Linksparteien und den bürgerlichen, republikanischen Parteien gekennzeichnet. Die republikanischen Parteien sahen die Koalition als Wahlbündnis, welches ihnen zur Regierung verhelfen konnte. Die Sozialisten waren in sich gespalten: während ein Flügel die Aufgabe der Regierungsbildung zu übernehmen bereit war, schloss der linke Parteiflügel eine Regierungsbeteiligung aus. Der POUM (Partido Obrero de Unificación Marxista, Arbeiterpartei der Marxistischen Vereinigung), eine 1935 aus zwei antistalinistischen kommunistischen Bewegungen entstandene Partei, war in die Volksfront eingetreten, um einen Wahlsieg der Rechten und damit eine faschistische Diktatur zu verhindern. Sie war eigentlich nicht an Regierungsaufgaben interessiert, sondern eher an einer Revolution nach leninistischem Vorbild. Der PCE (Partido Comunista de España, Kommunistische Partei Spaniens), 1921 entstanden, betrachtete die Volksfront im Rahmen seiner Strategievorgaben von der Kommunistischen Internationale[29] als Mittel zu einer nichtrevolutionären Transformation der Gesellschaft.

Obwohl die Volksfront in sich gespalten war, konnte sie dennoch die Wahlen am 16. Februar 1936 für sich entscheiden. Allerdings trugen diese Wahlen noch mehr zur Verschärfung des politischen Klimas bei, auch durch die Attentate, die von beiden in den Wahlen engagierten Seiten verübt wurden.[30] Mit dem Wahlsieg des *Frente popular* wurde das spanische politische Spektrum trügerisch vereinfacht – nun galt es, für oder gegen die Volksfront zu sein. Dafür waren die sogenannten „Republikaner", die in ihren Reihen Kommunisten, Intellektuelle, Sozialisten, Anarchisten, Bauern, Arbeiter, einen großen Teil der Mittelklasse, einige Armeeoffiziere sowie Marinesoldaten zählten. Die Republikaner vereinigten verschiedene Kräfte des sozialistisch gesinnten Spektrums. Auf der anderen Seite befanden sich die „Nationalisten":

---

[28] Graham, Spanish Republic, S. 77.
[29] Darauf wird im Kapitel 2.5. ausführlicher eingegangen.
[30] Schauff, Der verspielte Sieg, S. 24-25.

konservativ Gesinnte unterschiedlicher Ausrichtung, Großgrundbesitzer, Falangisten[31], Faschisten, Katholiken, einige Armeeoffiziere sowie fast alle Offiziere der Marine. Es standen sich, innerhalb des nationalistischen Lagers, einerseits zwei monarchistische Parteien gegenüber, die Alfonsinisten und die Karlisten, andererseits vereinigte die Rechte noch die CEDA (Confederacíon Española de Derechas Autonomas), die Falange Española und die marokkanischen Offiziere um den General José Sanjurjo y Sacanell.

2.2. ¡No pasarán! - Der Bürgerkrieg

Der Militärputsch, der am Anfang des Bürgerkrieges stand, wurde als ein altbewährtes Mittel der Führenden der Spanischen Armee welches benutzt, um in die Innen- und Außenpolitik einzugreifen. 1936 sollte dadurch die demokratische reformistische Bewegung gestoppt werden, welche infolge des Ersten Weltkrieges, der Russischen Revolution und der sozialen Veränderungen in den 20er und 30er Jahren entstanden war und deren Repräsentanten (die Volksfront) im Februar des gleichen Jahres die Wahlen gewonnen hatten.[32]

Mitte Juli 1936 wurde der rechtsextreme Politiker José Calvo Sotelo ermordet. Dieses gab der Rechten Anlass zum *pronunciamento* vom 18. Juli 1936, durch welches es die Macht an sich zu reißen versuchte. Der Putsch scheiterte insofern, weil der in Marokko angefangene Militäraufstand keine konkreten politischen Zielvorstellungen verfolgte und die Putschisten die Macht nicht gleich an sich reißen konnten; zudem kam General Sanjurjo, der Hauptakteur des Putsches, zwei Tage später bei einem Flugzeugunfall ums Leben. Durch die Teilnahme breiter Bevölkerungsschichten an den Unruhen

---

[31] Die Falange war eine rechtsgerichtete Gruppe von zunächst geringer Bedeutung, die sich mit der Zeit zusehends radikalisierte. 1933 wurde sie vom spanischen Anwalt José Antonio Primo de Rivera gegründet und schloss sich später mit den JONS (Juntas de Ofensiva Nacional Sindicalistas) zusammen, zur „Falange Española Tradicionalista (FET) y de las JONS". Durch ein Dekret vom April 1937 wurde das die einzige Partei der Nationalisten. Ihr Charakter war explizit faschistisch, nationalistisch, zentralistisch, antimarxistisch, imperialistisch, korporativ, antiliberal und wirtschaftsreformistisch. Seit dem Militäraufstand im Juli 1936 unterstützte die Falange General Francisco Franco. Vidal, Las Brigadas Internacionales, S. 539. Siehe dazu auch: Ellwood, Sheelagn: Spanish Fascism in the Franco Era. Falange Española de las JONS 1936-1939. Basingstoke 1987.

[32] Graham, Spanish Republic, S. 60.

weitete sich aber der Aufstand zu einem Bürgerkrieg aus. Erst im August 1936 und unterstützt von Deutschland gelang es den Aufständischen, Truppen und Ausrüstung aus Marokko auf das spanische Festland zu bringen. Weitere Truppen befanden sich an der portugiesischen Grenze und begannen, mit Unterstützung der portugiesischen Regierung und unter dem Kommando des Generals Francisco Franco, den Marsch auf Madrid. Gleichzeitig versuchten nun die nationalistischen Truppen aus dem Süden auch in Richtung Madrid vorzustoßen.

Der Historiker Walther L. Bernecker hat den militärischen Verlauf des spanischen Bürgerkriegs in vier Phasen eingeteilt: Juli 1936 – Frühjahr 1937, Frühjahr 1937 – Frühjahr 1938, April 1938 – November 1938, Dezember 1938 – März 1939.[33]

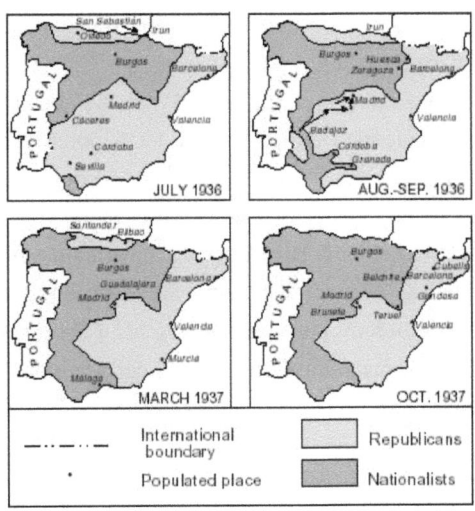

Abbildung 1: Spanien im Juli 1936, September 1936, März 1937 und Oktober 1937.[34]

Während der ersten Phase schaffte es die nationalistische Armee, 2/3 des Landes unter seine Kontrolle zu bringen. Der Putsch siegte in Marokko, Sevilla, Galicien, Navarra, auf Mallorca und auf den Kanaren, sowie in Teilen von Andalusien, in den agrarischen Gebieten im Norden (Vallaldoid, Burgos), in Oviedo und Zaragoza. Die Republik behielt die Kontrolle über den gesamten

---

[33] Bernecker, Spanische Geschichte, S. 167-169.
[34] http://www.centennialofflight.gov/essay/Air_Power/Spansh_CW/AP18G1.htm

Osten (Katalonien, Murcía, Valencia), den Norden (das Baskenland, Santander und Asturien) und über große Teile des Südens (Andalusien, Neukastilien, Extremadura). In vielerlei Hinsicht war das Verhältnis der beiden Streitkräfte ungleich. Die Republik kontrollierte die größten Städte, die Hauptstadt und die Wirtschaftszentren, aber die Nationalisten verfügten, vor allem Dank der Hilfe Deutschlands und Italiens, über die größeren militärischen Effektive und mehr Waffen. Ab Mitte November 1936 wurde der Kampf um die Hauptstadt Madrid eröffnet. Hier wurden dann zum ersten Mal auch organisierte Gruppen von internationalen Freiwilligen in den Kampf eingesetzt, auf republikanischer Seite: die Internationalen Brigaden. Die Regierung war schon Anfang November nach Valencia evakuiert worden. Das Ringen um Madrid dauerte durch die Wintermonate hindurch; der Angriff der nationalistischen Armee konnte aber zurückgewiesen werden. Die Stadt Málaga im Süden Spaniens war der erste große Verlust für die Republik.

Die zweite Phase ab dem Frühjahr 1937 brachte die völlige Zerstörung der historischen Stadt Guernica am 26. April 1937 durch einen Luftangriff der deutschen „Legion Condor" (die im Bürgerkrieg auf der Seite der nationalistischen Armee kämpfte). Dieses geschah im Rahmen einer größeren Offensive auf das Baskenland. Bis Mitte Juni unterlag die Industriestadt Bilbao; durch die Eroberung Asturiens befand sich dann im September 1937 der gesamte spanische Norden unter nationalistischer Führung. Indessen versuchte die republikanische Armee eine Offensive an der Madrider Front, bei Brunete, die jedoch scheiterte. die Republikaner versuchten erfolglos durch eine weitere Großoffensive bei Teruel im Dezember 1937 und Januar 1938 die Front zu durchbrechen.

In der dritten Phase gelang es den nationalistischen Truppen im April 1938, zum Mittelmeer durchzustoßen. Dadurch trennten sie Katalonien vom Rest des republikanischen Territoriums ab. Die letzte republikanische Offensive begann mit den Schlachten am Fluss Ebro Ende Juli 1938. Diese dauerten mehrere Monate an und, mit dem Preis sehr hoher Verluste, gelang der republikanischen Armee dieser letzte große Sieg. Mitte November mussten sich die Truppen in die Defensive über den Ebro zurückziehen.

Die vierte und letzte militärische Phase des Bürgerkriegs begann mit der Offensive der nationalistischen Streitkräfte in Katalonien, im Dezember 1938.

Die Effektive der republikanischen Armee waren geringer und immer schwächer geworden und sie besaßen zudem fast keine Waffen mehr. Ende Januar 1939 wurde Barcelona von den Truppen Francos eingenommen. Durch einen Putsch im Rest der republikanischen Flotte und in Madrid, angeführt von Oberst Segismundo Casado, spaltete sich das republikanische Lager nun endgültig. Der Putsch war zwar nicht erfolgreich, er erleichterte aber den Einzug Francos in Madrid Ende März 1939. Am 1. April 1939 wurde der Bürgerkrieg für beendet erklärt.

2.3. Soziale und gesellschaftliche Aspekte des Bürgerkriegs

Es wurde schon erwähnt, dass beide Seiten, also sowohl die Nationalisten, als auch die Republikaner, nicht als homogene, sondern als eher heterogene Gruppen auftraten. Der Putsch im Juli 1936 und der anschließende Bürgerkrieg wirkten sich auf die konservativen Kräfte als Schweißfaktor aus. Es fand eine Bündelung der verschiedenen Richtungen und Optionen statt, die es erlaubte, um ein einziges Ziel zu kämpfen: die Restauration der alten Formen sozialer Herrschaft. Hingegen fand im republikanischen Lager eine Desintegration der Kräfte statt. Die Volksfrontpolitik scheiterte, weil es nicht gelang, die gegensätzlichen Interessen der Beteiligten zu vereinen,[35] denn trotz ihrer Zugehörigkeit zur Linken waren die Ideologien, von denen die Kommunisten, die Sozialisten oder die Anarchisten (die als Einzige eine sofortige Revolution in allen Bereichen anzukurbeln versuchten) getrieben wurden, doch recht unterschiedlich.

Der politische und militärische Aufstand wurde von einer sozialen und wirtschaftlichen Umorientierung begleitet, die große Teile Spaniens umfasste. Jegliches staatliche Instrument, sogar die Armee, musste sich nun dem beugen. In den Gegenden, die von den Anarchisten kontrolliert wurden (vor allem Katalonien), versuchten diese eine „Revolution von unten" einzusetzen, die das übliche Kommandosystem ersetzen sollte. Dieses wird auch durch

---

[35] Schauff, Der verspielte Sieg, S. 360.

Augenzeugenberichte bestätigt, wie das zum Beispiel auch der Schriftsteller George Orwell[36] in seinem Buch „Homage to Catalonia" tut.[37]

Die linke „Revolution"[38] richtete sich nicht unbedingt gegen die Regierung, sondern eher gegen die kapitalistische Ordnung, den Großgrundbesitz und das Privateigentum an Produktionsmitteln. Deshalb wurden vielerorts nicht nur in der Landwirtschaft, sondern auch in vielen städtischen Betrieben Kollektivierungsmaßnahmen ergriffen und sowohl lokale, als auch regionale Selbstverwaltungssysteme aufgebaut.[39] Innerhalb weniger Wochen war im republikanischen Gebiet das bestehende politische, soziale und wirtschaftliche System abgeschafft worden. Träger dieser Transformationen von Links waren vor allem die in Gewerkschaften organisierten Arbeiter. Wie das revolutionäre Barcelona (in der republikanischen Zone) im Dezember 1936 aussah, weiß George Orwell zu beschreiben: „[...] every wall was scrawled with the hammer and sickle and with the initials of the revolutionary parties; almost every church had been gutted and its images burnt. Churches here and there were being systematically demolished by gangs of workmen. Every shop and café had an inscription saying that it had been collectivised [...]."[40] Das Erstaunliche war aber mehr die Stimmung, die in der Bevölkerung herrschte: „Above all, there was a belief in the revolution and the future, a feeling of having suddenly emerged into an era of equality and freedom."[41]

In den Gebieten, die die Nationalisten kontrollierten, wurden die Gewerkschaften verboten, die Parteien aufgelöst und jeglicher Widerstand gewaltsam unterdrückt. Außerdem wurde das Agrarreformgesetz, von der republikanischen Regierung beschlossen, rückgängig gemacht und alle Großgrundbesitzer, die sich in der nationalistischen Zone befanden, erhielten ihre Ländereien zurück. Im Allgemeinen wurde die vorrepublikanische

---

[36] Orwell selbst nahm als Kaporal in einer Militia-Gruppe der POUM (bewaffnete militärische Gruppe) am spanischen Bürgerkrieg teil.

[37] Orwell, George: Homage to Catalonia. London 1996, S. 26.

[38] Die Bezeichnung „Revolution" wird zwar oft in Bezug auf die sozialen, gesellschaftlichen und wirtschaftlichen Transformationen im Bürgerkriegsspanien verwendet; sie sollte aber nur vorsichtig gebraucht werden. Es gab zwar tiefgreifende Veränderungen, aber keine Revolution im klassischen Sinn.

[39]Bernecker, Spanische Geschichte, S. 171.

[40] Orwell, Homage, S. 2-3.

[41] Ebenda, S. 4.

Oligarchie (aus den rechten Parteien, der Armee und der Kirche) wieder in ihre Rechte eingesetzt.[42]

Die spanische Republik war während des Bürgerkrieges eine Besonderheit, für die es keinen anderen geschichtlichen Vergleich gibt, da es ein Regime voller Gegensätze darstellte. In dieser Republik wurde die freie, autonome Kollektivierung mit einem hochzentralistischen Staat vereint; die ursprüngliche Politik der Unterstützung lokaler und regionaler Autonomie (von etwa Juli 1936 bis Oktober 1936) wurde durch eine progressive Restriktion der Autonomie ersetzt. Politisch blieb die Regierung pluralistisch geprägt, trotzdem behielte jede der vier linken Richtungen (und Parteien) einen großen Grad an Freiheit und Eigeninitiative.[43]

Für die spanische Gesellschaft war dieser Bürgerkrieg eine traumatische Zäsur und stellt das wichtigste Ereignis der spanischen Geschichte des 20. Jahrhunderts dar. Durch den Krieg wurde einerseits die Möglichkeit einer proletarisch, anarchistisch-sozialistisch ausgerichteten Revolution verhindert. Andererseits wurde dadurch den Möglichkeiten einer demokratischen, reformistischen Politik, wie sie seit der Gründung der Zweiten Republik von den republikanischen und sozialdemokratischen Kräften immer wieder versucht worden war, ein Ende gesetzt.

2. 4. Die internationale Dimension

Der spanische Bürgerkrieg ist ohne seine internationale Dimension nicht zu verstehen. Oft wurde und wird argumentiert, dass der Bürgerkrieg einen sehr großen Einfluss auf den zweiten Weltkrieg hatte, wenn nicht gar dessen Vorläufer, dessen Vorbote, war.[44] Ob dem tatsächlich so war, bleibt in der vorliegenden Studie außer Diskussion. Unbestritten ist aber, dass durch diesen Konflikt eine neuartige internationale Situation erschaffen wurde, da zum ersten Mal ausländische Mächte zur Aufrüstung beider Kriegsparteien in einer eigentlich innerpolitischen Angelegenheit beitrugen.

---

[42] Bernecker, Spanische Geschichte, S. 169.
[43] Payne, Spanish Civil War, S. 305.
[44] So auch bei Schauff, Der verspielte Sieg, Payne, Spanish Civil War, Graham, Spanish Republic oder Vilar, Der spanische Bürgerkrieg.

Der Bürgerkrieg brach zu einem Zeitpunkt großer Anspannung in ganz Europa aus. Der Aufstieg des Faschismus in Italien und des Nationalsozialismus in Deutschland konnten nicht verhindert werden. Aus dem Osten drohte, nach der Russischen Oktoberrevolution, die Gefahr des Kommunismus. Außerdem hatte man sich erst wenig von der Weltwirtschaftskrise Ende der 20er Jahre erholt. Als der Bürgerkrieg in Spanien begann, befürchtete die Öffentlichkeit einen europaweiten Krieg, vor allem als Hitler und Mussolini sich durch militärische Hilfe auf die Seite Francos stellten.

Schon im Herbst 1936 war der Konflikt internationalisiert. Deutschland und Italien hatten der nationalistischen Armee Waffen und Truppen geschickt. Die europäische Linke sah deswegen den Bürgerkrieg als Chance, nicht nur Franco, sondern auch Hitler und Mussolini und dadurch den gesamten europäischen Faschismus aufzuhalten. Das eigentlich Neue war auch, dass in vielen europäischen Staaten Solidaritätsbewegungen mit der spanischen Republik entstanden, die weit über die humanitäre Hilfe hinausreichten: Zahlreiche linksgerichtete Freiwillige aus vielen Ländern reisten nach Spanien, um an der Seite der Republikaner zu kämpfen. Die Sowjetunion und, in begrenztem Maße, Mexiko leisteten Waffenlieferungen an die republikanische Regierung.[45]

Der Völkerbund und allen voran Großbritannien und Frankreich hatten beschlossen, sich nicht in diesen Konflikt einzumischen. Dieses war die offizielle Haltung. Frankreich hatte trotzdem einige Zeit die Grenzen zu Spanien offen gehalten und es dadurch spanischen Flüchtlingen ermöglicht, nach Frankreich zu gelangen, sowie ausländischen Freiwilligen, nach Spanien zu reisen. Später wurden die Grenzen geschlossen und auch alle Waffenlieferungen durch Frankreich gestalteten sich als sehr schwierig. Großbritannien war eines der Gründer der Politik der Nichteinmischung, deswegen ist es umso erstaunlicher, dass der Waffenexport ständig zunahm und verdeckt auch nach Spanien geliefert wurde.[46]

Das Argument in der Diskussion um die Politik der Nichteinmischung war der Versuch, das europäische Gleichgewicht im europäischen Mittelmeerraum und Großbritanniens appeasement-Politik beizubehalten. Am 9.

---

[45] Schauff, Der verspielte Sieg, S. 48.
[46] Howson, Arms for Spain, S. 248.

September trafen sich in London die Vertreter von 27 Ländern, um das sogenannte Nichtinterventions-Komitee zu gründen. In seinem Rat befanden sich neun permanente Mitglieder: Großbritannien, Frankreich, Portugal, Belgien, die Tschechoslowakei, Schweden und, paradoxerweise, auch Italien, Deutschland und die Sowjetunion. Spanien wurde zu diesem Treffen erst gar nicht eingeladen.[47] Die meisten europäischen Ländern unterzeichneten das daraufhin entstandene Nichtinterventions-Abkommen, mit dem erklärten Ziel der Verhinderung des Waffenschmuggels sowie ausländischer Einmischung in Spanien. Die Problematik der Nichteinmischung diskutierte man oft im Völkerbund, da die spanische republikanische Regierung mehrmals Klagen gegen Italien und Deutschland einreichte und um das Recht kämpfte, Waffen im Ausland ankaufen zu dürfen. Diese Klagen wurden aber meist wegen Nichteinhaltung formeller Voraussetzungen abgewiesen: Spanien durfte eigentlich keine Klagen einreichen, da es kein Mitglied des Komitees war. Dadurch – und hier ist man sich in der gesamten Literatur über den spanischen Bürgerkrieg einig – begünstigte man die Nationalisten um General Franco. Einerseits konnte sich die Republik keinerlei Hilfe vonseiten der Westmächte erhoffen, andererseits verhinderte gerade das Nichteinmischungsprinzip eine rigorose Kontrolle über das Regime Francos und dessen Helfer.[48] Der innere Aspekt der Nichtintervention war derjenige, dass der republikanischen Regierung dadurch praktisch jegliche Legitimation entzogen wurde und auch jede Handlungsmöglichkeit, nicht nur in militärischer Hinsicht, sondern auch, was wirtschaftliche und soziale Kompetenzen anbelangt: Es war beispielsweise immer schwieriger, die eigene Bevölkerung zu ernähren. Außerdem verhinderte dieses Abkommen Verhandlungen auf europäischer Ebene über ein mögliches Kriegsende.[49]

Die neue Dimension der Europäisierung des Konfliktes in Spanien erkennt man auch in der Fülle der Berichterstattungen. Die Medien (vor allem Zeitungen, aber auch das Radio) hatten sich in den Jahren nach dem ersten Weltkrieg extrem stark entwickelt. Überall in der Welt war man hungrig nach Nachrichten, nach Berichterstattungen, die erschüttern sollten. So waren in den

---

[47] Graham, Spanish Republic, S. 20.
[48] Schauff, Der verspielte Sieg, S. 60.
[49] Graham, Spanish Republic, S. xi.

ersten Monaten des Bürgerkriegs alle Reportagen auf Spanien gerichtet, vor allem auf die größeren Städte in der republikanischen Zone, in denen unglaubliche soziale Transformationen stattfanden (wie z.B. die oben genannten Veränderungen in Barcelona).[50] Wenn einerseits die linke Presse voller Lob über die Kollektivierungen und den Umsturz des kapitalistischen Systems berichtete, so sahen andere eher die Unordnung, die Disziplinlosigkeit der Anarchisten, die Willkür und den bolschewistischen Terror der bewaffneten und schlecht gekleideten Arbeitergruppen.[51]

„Die Linke überall in der Welt sah die Befreiung und die Heiterkeit, den Neuanfang und den Massenenthusiasmus; die Rechte blickte überall mit Entsetzen auf die Morde, die Unordnung und die Enteignung, und sie sprach sofort vom *Bolschewismus* in Spanien. Die öffentliche Meinung polarisierte sich noch weit entschiedener als während des russischen Bürgerkrieges. Eindeutiger als damals sprachen sich liberale Stimmen für die Republikaner und Loyalisten aus, aber selbst die *New York Times* brachte Anfang August die Befürchtung zum Ausdruck, dass bei einem Sieg der Regierung sehr bald Kommunisten zur Herrschaft gelangen werden [...].“[52]

2.5. Bolschewismus in Spanien? Die Komintern und die Sowjetunion

Die Angst vor dem Bolschewismus war dadurch gegeben, dass die Komintern und die Sowjetunion in den Bürgerkrieg eingegriffen hatten. Erstere organisierte die Handlungen des PCE und koordinierte, zusammen mit den Anarchisten, den Fluss von Freiwilligen, die nach Spanien kamen; die Sowjetunion lieferte der republikanischen Armee ab Oktober 1936 Waffen. Die revolutionäre Situation in Spanien wurde aber anfangs nicht von den Kommunisten, sondern von den Anarchisten des POUM und der ihnen nahestehenden Gewerkschaften der CNT-FAI (Confederación Nacional del Trabajo – Federacion Anarquista Ibérica, Nationale Arbeitskonföderation – Anarchistische Iberische Föderation) gesteuert.[53] Außerdem waren die Waffenlieferungen aus der UdSSR in ihrem Umfang keineswegs mit denjenigen

---

[50] Payne, Spanish Civil War, S. 118.

[51] Nolte, Ernst: Der europäische Bürgerkrieg 1917-1945. Nationalsozialismus und Bolschewismus. Frankfurt am Main / Berlin 1987. S. 261.

[52] Ebenda, S. 255. Hervorhebungen im Originaltext enthalten.

[53] Vilar, Der spanische Bürgerkrieg, S. 56.

aus Italien und Deutschland zu vergleichen, die auch Truppen zur Verfügung stellten. Trotzdem bestand in der westlichen Welt die Befürchtung, dass die Einmischung der Komintern den Versuch Stalins darstellte, Spanien in einen kommunistischen Satelliten zu verwandeln. Ob und in wie fern dieses tatsächlich versucht wurde, ist immer noch umstritten. Das Russische Präsidentialarchiv ist für Forscher immer noch nicht frei zugänglich und sowohl die Dokumente aus dem Russischen Militärarchiv, als auch aus dem Archiv der Komintern weisen nicht auf das Ziel eines kommunistischen Regimes nach sowjetischem Modell in Spanien. Dass die Komintern und der PCE versuchten, die Oberhand zu behalten und viel Einfluss in der spanischen Politik zu haben, ist hingegen erwiesen.[54]

Die Entwicklung der Komintern ist ohne die Entwicklung der Sowjetunion und deren Außenpolitik nicht nachzuvollziehen. Nach der Oktoberrevolution hatte Vladimir Ilič Lenin immer noch den Gedanken der Weltrevolution vertreten. Das änderte sich nach seinem Tod im Jahre 1924, als, sich entgegen seiner Empfehlung Iosif Stalin als Generalsekretär der Kommunistischen Partei behauptete. Ende der 20er Jahre ließ dieser vom Ziel einer Weltrevolution ab, um den „Sozialismus in einem Lande" zu propagieren. Die Konzentration galt nun der Sicherung der revolutionären Entwicklung in der Sowjetunion. Die berüchtigten Fünfjahrespläne waren Teil einer umfassenden Reformierung der Industrie und der Landwirtschaft. Die Sowjetunion sollte dadurch die kapitalistischen Führungsmächte überholen und zu dem lang ersehnten Status einer Weltmacht aufsteigen. [55]Außenpolitisch versuchte sich Stalin an Frankreich und Großbritannien zu orientieren, vor allem wegen der wachsenden Gefahr des Nationalsozialismus in Deutschland. 1934 trat die Sowjetunion in den Völkerbund ein. 1935 wurde ein Beistandsabkommen mit Frankreich unterzeichnet, welches mehr außenpolitisch taktische Ziele verfolgte, und zwar ein Bündnis mit den Westmächten, als dass es eine ausreichende Sicherheit im Kriegsfalle dargestellt hätte.

Zur Gründung der III. Kommunistischen Internationale, Komintern, hatten die Bolschewiki der Kommunistischen Partei in Russland im Januar 1919

---

[54] Eine aufschlussreiche Quellensammlung ist in dieser Hinsicht diejenige von Radosh / Habeck / Sevostianov, Spain betrayed.

[55] Schramm, Gottfried (Hg.): Handbuch der Geschichte Russlands. Stuttgart 1992. Band 3: 1856-1945. Von den autokratischen Reformen zum Sowjetstaat. 2. Halbband, S. 783.

aufgerufen; der erste Kongress fand schon im März 1919 statt. Der eigentliche Gründungskongress ließ aber noch bis zum Sommer 1920 auf sich warten. Die russischen Kommunisten waren nicht nur im Apparat der Komintern dominant, sondern bestimmten auch die politische Ausrichtung und die Handlungsschritte der anderen kommunistischen Parteien.[56] So unterstützte die sowjetische Seite die anderen Parteien mit Waffen und Geld und unterhielt alle konspirativen Netzwerke. Hingegen hatten sich die Parteien, die der Komintern beigetreten waren, verpflichtet, alle Reformisten oder Sozialdemokraten auszuschließen und als militante Kampforganisationen zu funktionieren, mit dem Ziel, das bestehende System durch eine Revolution zum Sturz zu bringen.[57]

Bis 1934 weigerten sich alle kommunistischen Parteien, dem Statut der Komintern entsprechend, mit den sozialistischen Parteien zusammenzuarbeiten. Ab 1934 fand aber eine Wandlung statt, was das Verständnis des Faschismus und vor allem des Nationalsozialismus betraf. Stalin hatte die Gefahr, die von Hitler ausging, erkannt und hielt es deswegen für vorteilhaft, die Komintern auf eine andere Linie zu bringen und sich andere, neue Verbündete auszusuchen. Um aber mit den anderen Parteien zu verhandeln, mussten die Kommunisten ein klares Profil haben, sich zur Demokratie bekennen und verschärft den Faschismus kritisieren. Die Kritik wurde, um den Wandel auch innerhalb der Komintern zu vollziehen, vor allem in den Schriften der führenden europäischen Kommunisten wie Georgi Dimotrov oder Palmiro Togliatti ausgeübt. Es wurde gezeigt, dass die Demokratie unvermeidlich dem Untergang geweiht war, wenn die Gefahr des Faschismus weiter bestand.[58]

Ab 1934 galt die Strategie der Einheits- oder Volksfront, welche allerdings eher von kommunistisch-sozialistischer Seite ausging ; diese wurde im Laufe des Frühsommers 1934 zur neuen Komintern-Strategie schlechthin.[59] Dieses verlangte einige Veränderungen der marxistischen Sicht über eine Revolution: In Artikeln der „Kommunistischen Internationale", der Zeitschrift des Exekutivkomitees der Komintern, wurde ein neuer Typus von Revolution

---

[56] Beyrau, Dietrich: Petrograd, 25. Oktober 1917. Die russische Revolution und der Aufstieg des Kommunismus. München 2001, S. 239-240.

[57] Ebenda, S. 240.

[58] Luks, Leonid: Entstehung der kommunistischen Faschismustheorie. Die Auseinandersetzung der Komintern mit Faschismus und Nationalsozialismus 1921-1935. Stuttgart 1984. [Studien zur Zeitgeschichte, Band 26], S. 177-179.

[59] Schauff, Der verspielte Sieg, S. 86.

angepriesen. Sie sollte zugleich national und antifaschistisch sein und dem Faschismus die ökonomische Basis entziehen, ohne den Kapitalismus zu überwinden.[60] Die Komintern unterstützte dementsprechend seit 1934/35 das Projekt der Bildung von Volksfrontregierungen in Europa, als Konterkarierung zum aufkommenden Rechtsextremismus und die dadurch entstandene Radikalisierung der sozialistischen Parteien (diese begannen, sich revolutionär zu orientieren, mit Bereitschaft zu bewaffnetem Widerstand gegen den Faschismus).[61] Durch den Ausbruch des spanischen Bürgerkrieges konnte sie nun diese Strategie einer praktischen Prüfung unterziehen.

Seit dem Bestehen der Republik hatte es keine diplomatischen Beziehungen zur Sowjetunion gegeben. Der Austausch von Botschaftern fand erst im Juli 1936 statt. Der Grund dafür war, dass vor 1931 das Regime von Miguel Primo de Rivera die Sowjetunion nicht anerkannt hatte und man seither, aus verschiedenen Gründen politischer Änderungen, die offiziellen diplomatischen Beziehungen nicht wieder aufgenommen hatte. Erst Ende August 1936 hielt der neue sowjetische Botschafter, Marcel Rosenberg, Einzug in Madrid.[62] Der Befehl Stalins, der Republik zu helfen, wurde schon im Juli 1936 erlassen.[63] Der endgültige Entschluss zum Verkauf von Waffen und militärischem Equipment fiel aber erst Ende September. Im Oktober 1936 begannen die ersten Lieferungen von Waffen, Munition, Flugzeugen und Panzern. Als erstes wurde aber sowjetisches Personal nach Spanien geschickt, um logistisch die Kriegsführung zu organisieren.

Payne avanciert die These, dass die Sowjetunion erst so "spät" reagiert habe, da die Komintern eigentlich gegen einen militärischen Aufstand oder einen Bürgerkrieg war. Sie schätzte die Situation als kontraproduktiv ein, erstens weil sie selbst nicht über die ganze Kontrolle verfügte und zweitens, weil es auch aus internationaler Sicht keine positiven Aspekte des Bürgerkriegs geben konnte.[64] Die ganze Situation war eigentlich ein Paradox: In den 20er Jahren hatte die Komintern versucht, jede auch nur kleinste revolutionäre Situation auszunutzen. In den 30er Jahren traten die europäischen Kommunisten in

---

[60] Ebenda, S. 97-98.
[61] Ebenda, S. 85.
[62] Vilar, Der spanische Bürgerkrieg. S. 56.
[63] Anderson, The Spanish Civil War, S. 97.
[64] Payne, Spanish Civil War, S. 119-121.

Wahlbündnissen mit demokratischen Kräften ein und im Bürgerkriegsspanien nutzten sie die Situation nicht – zumindest nicht von Anfang an – aus.

Die Literatur zur Komintern und zum Spanischen Bürgerkrieg ist relativ umfassend; die meisten Darstellungen laufen jedoch darauf hinaus, dass die Komintern als Agentin der UdSSR in Spanien tätig war, man es, in einer Verschwörung, auf eine Sowjetisierung Spaniens abgesehen hatte und der stalinistische Terror dabei direkt auf die spanische Republik übertragen wurde. Während die gängige Literatur[65] argumentiert, dass der sowjetische Terror maßstabgetreu auf Spanien übertragen wurde, mit dem Ziel, Spanien zu „bolschewisieren“, so ist Frank Schauff der Meinung, dass der Prozess eher umgekehrt geschah: Die Tatsache, dass die Faschisten in Spanien versuchten, an die Macht zu gelangen, wurde ausgenutzt. Der Trotzkismus wurde zu einer Agentur des Faschismus „umfunktioniert“ und Spanien galt dadurch als negatives Vorbild für die Sowjetunion, als das, was es zu verhindern galt.[66] Dass Stalin durch seine Intervention in Spanien konkrete Ziele verfolgt hat (auch diplomatische, wie die Annäherung an die Westmächte), mit Hilfe der Komintern und durch die Propaganda um die Internationalen Brigaden, steht außerhalb jeder Diskussion.[67] Dass aber seitens der UdSSR durch die Komintern versucht worden wäre, Spanien in einen Sowjetstaat umzuwandeln, wird durch keine der bisher erfassten Quellen belegt. Dieses widerlegt sogar ein

---

[65] Schauff, Der verspielte Sieg, S. 85. Literatur: Bolloten, Burnett: The Grand Camouflage. The Communist Conspiracy in the Spanish Civil War. New York² 1968; ders.: The Spanish Civil War. New York 1991; Broué, Pierre; Histoire de l'Internationale Communiste 1919-1943. Paris 1997 ; McDermott, Kevin / Agnew, Jeremy : The Comintern. A History of International Communism from Lenin to Stalin. London / Basingstoke 1996; Vaksberg, Arkadi: Hôtel Lux. Les partis frères au service de l'Internationale communiste. Paris 1993.

[66] Ebenda, S. 98. Dazu: „Die faschistische Intervention in Spanien, der Raub- und Eroberungskrieg des japanischen Imperialismus gegen das chinesische Volk, die bewaffnete Eroberung Österreichs durch Deutschland, die Bedrohung, die über die Tschechoslowakei hängt, die bösartige Provokation des polnischen Faschismus an der litauischen Grenze – das alles sind Glieder in einer Kette der Vorbereitung des militärischen Überfalls auf die Sowjetunion." In: Schauff, der verspielte Sieg, S. 106, Fußnote 108. Zitiert nach: Kossoj, A.: SSSR i kapitalističeskoe okruženie, aus: Bol`ševik. Teoretičeskij i političeskij žurnal CK VKP(b) 9/1938, S. 25.

[67] Telegramm Stalins an die PCE, aus dem Jahr 1936: „Die Befreiung Spaniens vom Joch der faschistischen Reaktionäre ist keine private Angelegenheit der Spanier, sondern die gemeinsame Sache der gesamten fortgeschrittenen und fortschrittlicher Menschheit." In: Schauff, Der verspielte Sieg, S. 106, Fußnote 108, zitiert nach: Dimitrov, Georgi: Die Volksfront zum Kampf gegen Faschismus und Krieg, aus: „Kommunistische Internationale" 11-12/1936, S. 1083-1096.

Tagebucheintrag von Georgi Dimitrov, geschrieben nach einem Treffen mit Stalin und zwei spanischen Schriftstellern: „Charakter der Revolution in Spanien – man muss dem Volk und der ganzen Welt die Wahrheit sagen, das spanische Volk ist jetzt nicht in der Lage, eine proletarische Revolution durchzuführen – die innere und vor allem die internationale Situation ist dafür nicht günstig. (...) Die Ausrufung von Räten in Spanien würde alle kapitalistischen Staaten einen, und der Faschismus würde siegen."[68]

Die Ergebnisse der neuen Strategie der Komintern in Spanien: Es scheiterte der Versuch, Sozialdemokratie und Arbeiterbewegung unter dem gleichen Schirm zu versammeln angesichts der faschistischen Gefahr. Als unbestrittener Erfolg in der Geschichte der Komintern werden dagegen die Internationalen Brigaden genannt.[69]

---

[68] Dimitroff, Georgi: Tagebücher 1933-1943. Herausgegeben von Bernhard H. Bayerlein. Band I, Tagebücher. S. 155.
[69] Schauff, Der verspielte Sieg. S. 77.

3. Die Internationalen Brigaden, 1936-1939

3.1. Geschichte der Internationalen Brigaden

> "Ich came nach Spain in Januar
> Yo hablar seulement English
> But jetz I say, Comment Savar
> Wie gehts, Que tal, tovaritsch
> Ich fahren mit mein ambulance
> In woiken shoit and panties
> No tengo tiempo por romance
> Y arbeit mas duro que antes
> [...]Pero una idea es uber alle
> An idea muy profundo
> We´ll arbeit schwer for Franco´s fall
> Und Unido Hermanos Proletarios en todo el mundo."[70]

Die ersten Freiwilligen der Internationalen Brigaden kamen nicht erst im Januar 1937 nach Spanien, sondern schon im Juli 1936. Die Entstehungsgeschichte der Internationalen Brigaden wird oft mit der Komintern und der militärischen Hilfe der Sowjetunion in Verbindung gebracht, was nicht gänzlich falsch ist.[71] Jedoch wird dabei vergessen, dass sich die erste Freiwilligen-Bewegung schon im Juli 1936 in Barcelona, unmittelbar nach dem Putsch der Generäle, geformt hatte und dass dabei die Komintern keinerlei Einfluss hatte. Vom 19.-27. Juli 1936 sollte in Barcelona die Arbeiterolympiade stattfinden, die aber wegen der Unruhen in Spanien abgesagt wurde. Viele der angereisten Teilnehmer und Zuschauer blieben aber in der Stadt, um gegen den Aufstand zu kämpfen. Sie kämpften in den spontan gebildeten Milizen, die von der POUM oder den Gewerkschaften organisiert wurden.[72] Außer diesen traten

---

[70] [Ich kam nach Spanien im Januar/ Ich sprach nur Englisch/ Doch nun sage ich „Wie geht´s" (Französisch, Deutsch, Spanisch) Genosse/ Ich fahre mit meinem Rettungswagen/ In Arbeitshemd und Unterhosen/ Habe keine Zeit für Liebe/ Und arbeite viel härter als je zuvor/ ... Aber eine Idee steht über alles/ Eine sehr tiefgreifende Idee/ Wir werden hart für Francos Sturz arbeiten/ Und, Proletarier aller Länder, vereinigt euch!] Auszug aus dem Gedicht „The Internationalist". Johnston, Verle B.: Legions of Babel. The International Brigades in the Spanish Civil War. University Park 1957, S. 16, aus: The Volonteer for Liberty (englischsprachige Frontzeitung der britischen Freiwilligen in den Internationalen Brigaden), ohne Angabe des Erscheinungsjahres.

[71] Beispielsweise in Richardson, Comintern Army.

[72] Hommel, Die Internationalen Brigaden, S. 16; sowie Berg, Internationale Brigaden, S. 43.

den Milizen natürlich Spanier, aber auch in Spanien lebende Ausländer bei. Ende Juli waren auch schon die ersten Ausländer aus Frankreich in Barcelona angekommen. Auch sie wurden in den Milizen aufgenommen. Bei ihnen handelte es sich um französische Linksgesinnte, mehrheitlich aber um im französischen Exil lebende Kommunisten oder linke Aktivisten aus anderen Ländern (Italien, Deutschland, Osteuropa).

Erst nach längerem Zögern begannen die Komintern und die kommunistischen Parteien in Europa, diese Bewegung aufzunehmen und zu organisieren. Im Protokoll der Präsidiumssitzung der Komintern vom 18. September 1936 wurde die Anwerbung von militärisch ausgebildeten Personen, sowie gelernten Arbeitern und Technikern beschlossen, die als Freiwillige nach Spanien entsendet werden sollten.[73] Frankreich wurde zum Rekrutierungszentrum für die Freiwilligen, erstens wegen seiner Nähe und seiner natürlichen, schwer zu bewachenden Grenzen zu Spanien und zweitens, weil es von vielen Sozialisten und Kommunisten als Exilland gewählt worden war, wodurch man auf die schon bestehenden Netzwerke zurückgreifen konnte.[74] Die ersten Interbrigadisten kamen im Oktober 1936 von Paris nach Barcelona, via Marseille-Alicante oder durch Perpignan in Südfrankreich. Von dort aus wurden sie nach Albacete gebracht, wo sich das Hauptquartier der Internationalen Brigaden, das sogenannte „Kriegskommissariat", welches eine militärische und eine politische Abteilung hatte, befand.[75] Außerdem befanden sich dort die Mobilmachungsstelle, das Ausbildungslager, die Militärschule und die Reparaturwerkstätten. Albacete war strategisch ausgesucht worden, da es über sehr gute Verbindungen zu den wichtigsten Städten in Spanien verfügte. Um die Stadt herum waren in den umliegenden Dörfern „Außenstellen" eingerichtet worden, meistens in requirierten Klöstern, Schlösser, Kasernen oder gar Kirchen. Als die Bedrohung auf Katalonien durch die nationalistische Armee zu groß wurde, verlegte man das Hauptquartier im April 1938 nach Barcelona.[76]

Anfangs war die spanische Regierung nicht bereit, die Gründung der Internationalen Brigaden anzuerkennen. Erst unter dem Eindruck der direkten

---

[73] Schauff, Der verspielte Sieg, S. 179.
[74] Hommel, Die Internationalen Brigaden, S. 24.
[75] Ebenda, S. 19.
[76] Ebenda, S. 38.

Bedrohung Madrids durch nationalistische Truppen, sowie durch den Druck der Komintern willigte die spanische Regierung am 22. Oktober 1936 ein.[77] Ab da wurden die Internationalen Brigaden Teil der spanischen republikanischen Volksarmee. Militärisch unterstanden sie dem spanischen republikanischen Kriegsministerium. Die führenden Funktionäre und Offiziere, die auch die politische Linie der Brigaden festlegten, waren aber Kommunisten und unterstanden somit der Komintern.[78] Aus diesem Grund wurden die Interbrigaden auch als Armee der Sowjetunion angesehen.

Die offizielle Auflösung der Internationalen Brigaden geschah unter der Überwachung des Völkerbundes im Oktober 1938, zwei Jahre nach ihrer Gründung. Ende Oktober fand in Barcelona ihre feierliche Verabschiedung statt. Das Zurückziehen dieser Truppen wurde von der republikanischen Regierung als Mittel angesehen, den Druck auf Franco zu erhöhen. Dieser sollte im Gegenzug auch internationale Truppen zum Rückzug freigeben. Allerdings respektierte Franco das Abkommen nicht; man zog nur etwa 10.000 italienische Soldaten zurück, das Gros der Truppen (über 30.000 Mann) blieb bis zum Ende des Bürgerkriegs in Spanien.[79]

Nach dem offiziellen Rückzug wurden die Einheiten der Interbrigaden, auf Befehl des Generalstabs der republikanischen Armee, in militärische Lager in der Nähe der französischen Grenze einquartiert – dieses, bis die Rückkehr in ihre Heimatländer stattfinden sollte. Viele der Interbrigadisten konnten jedoch nicht in ihre Länder zurückkehren, da sie dort als Kommunisten höchstwahrscheinlich im Gefängnis oder in Arbeitslagern/ Konzentrationslagern gelandet wären. Im Januar 1939 nahmen die meisten der verbliebenen Freiwilligen doch noch an den Kämpfen in Katalonien teil und zogen sich dann Anfang Februar zusammen mit Effektiven der spanischen republikanischen Armee und Teilen der Bevölkerung über die Grenze nach Frankreich zurück, wo sie wiederum in Auffanglager einquartiert wurden.[80]

---

[77] Berg, Internationale Brigaden, S. 63.
[78] Schauff, Der verspielte Sieg, S. 179.
[79] Graham, Spanish Republic, S. 384.
[80] Hommel, Die Internationalen Brigaden, S. 93-95.

3.2. Die Organisation und das Wirken der Brigaden

Wie schon erwähnt, waren die Internationalen Brigaden Teil der spanischen republikanischen Armee. Diese war aus 10 Brigaden gebildet, weshalb die ausländischen Truppen die Ziffern X bis XV erhielten. Die fünf klassischen Brigaden entstanden mehr oder weniger nacheinander: Die XI. Brigade schon im Oktober1936, die XII. im November, die XIII. im Dezember 1936. Die XIV. Brigade entstand im Januar 1937 und die XV. schließlich im Februar 1937. Daneben gab es noch zwei sogenannte Brigadas Mixtas: die 129. (entstanden im Sommer 1938) und die 150. Brigade. (Letztere wurde im Sommer 1937 mit den Resten der XIII. Brigade vereinigt, die nach einer schweren Schlacht dezimiert worden war).[81]

Die Organisation der Internationalen Brigaden durchlief während der zwei Jahre mehrere Änderungen, da viele der Freiwilligen fielen, die Kontingente mit spanischen Soldaten „aufgefüllt" und die republikanische Armee im Sommer 1937 neu organisiert wurde. Allgemein kann aber folgendes festgelegt werden: Die Interbrigaden: XI, XII, XIII, XIV, XV hatten je drei bis fünf Bataillonen; diese trugen Namen, die an Ereignisse oder Persönlichkeiten der Geschichte der Arbeiterbewegung erinnern sollten. Neben diesen Infanterieeinheiten gehörten zu jeder Brigade noch je eine Feldartilleriebatterie, eine Panzerabwehrbatterie, eine Pionierbatterie, eine Nachrichtenkompanie, eine Transportkompanie, eine Sanitätskompanie und ein Kavalleriepeloton. Außer den später entstandenen 129. und 150. Brigaden gab es kleinere Einheiten in Bataillonstärke auch in der 86. Brigade und in der 15., 35., und 45. Division der republikanischen Armee. Kleine Spezialeinheiten wurden nur je nach Notwendigkeit eingesetzt; sie gehörten meistens der Artillerie oder der Flugabwehr an.[82]

---

[81] Ebenda, S. 40-41.
[82] Ebenda.

Brigade	Bataillone	Nationalitäten
XI. Internationale Brigade	Edgar André	Deutsche, Österreicher
	Pariser	Franzosen, Belgier
	Kommune	Polen, Ungarn, Jugoslawen
	Dombrowski	
XII. Internationale Brigade	Ernst Thälmann	Deutsche
	Garibaldi	Italiener
	Franco-Belge	Franzosen, Belgier, Holländer
XIII. Internationale Brigade	Louis Michel	Franzosen, Belgier, Deutsche
	Čapajev	Balkanländer
	Henri Vuillemin	Franzosen
	Adam	Polen
	Mickiewicz	
XIV. Internationale Brigade	9 „Sans Nom"	9 Nationalitäten, darunter auch
	Domingo	Rumänen
	Herminal	Franzosen
	Ralph Fox	Engländer
	Henri Barbusse	Franzosen
XV. Internationale Brigade	Georgi Dimitrov	Balkanländer
	Abraham	Amerikaner und Kanadier
	Lincoln	Franzosen
	Six Février	Engländer
	English Battalion	
129. Brigade	Djure Djaikovič	Bulgaren, Rumänen, Jugoslawen
	Thomas	Tschechoslowaken
	Masaryk	

Tabelle 1: Die Aufstellung der Internationalen Brigaden.[83]

Zur Struktur der Internationalen Brigaden gehörten außerdem das Basislager in Albacete, wo sich die Presse- und Rundfunkabteilung, wie auch die restlichen

---

[83] Die Informationen entstammen dem Buch von César Vidal, Las Brigadas Internacionales.

mit der Organisation betreuten Anlaufstellen befanden, auch Heime und über 50 Krankenhäuser mit einer Kapazität von bis zu 6000 Betten. Die meisten der Ärzte und des Pflegepersonals waren ebenfalls als Freiwillige in Spanien.[84]

Die Verpflichtung der Freiwilligen zum Kampf geschah mittels eines Fahneneides, der in französischer Sprache abgelegt wurde:

> „Je suis un volontaire des Brigades Internationales parce que j'admire profondement la valeur et l'heriosme du peuple espagnol en lutte contre le fascisme international. Parce que mes ennemis de toujours sont les mêmes que ceux du peuple espagnol, ce sont les fascistes. Parce que je sais que si le fascisme est victorieux ein Espagne, demain il sera dans mon pays et mon foyer sera dévasté. Parce que je suis un travailleur, un ouvrier ou paysan, qui préfére mourir debout vivre à genoux. Je suis içi parce que je sius volontaire et donnerai s'il faut jusqu'a la dernière goutte de mon sang pour sauver la liberté de l'Espagne, la liberté du monde."[85]

Das Problem dabei war folgendes : Da die Freiwilligen den Fahneneid geleistet hatten, oblagen sie der Führung der Armee. Wenn sie also Spanien verlassen wollten, galten sie als Deserteure. Die Politkommissare[86] und die Führung der Brigaden hatten ziemlich oft mit Fällen von Desertion zu tun. Dieses kann aber auch dadurch erklärt werden, dass sich die meisten Interbrigadisten als Freiwillige betrachteten und somit den Anspruch hatten, jederzeit Heimaturlaub nehmen oder gar aussteigen zu können. Da den Internationalen Brigaden kein Urlaub im Ausland gewährt wurde mag es verständlich sein, dass sich manch Freiwilliger diesen Urlaub selbst nahm, dadurch aber schon als Deserteur galt.[87]

Da die Kämpfer auf soldatische Ansprüche bestanden (wie z.B. Sold, Heimaturlaub), hat es den Anschein, dass sie sich selbst als Teil der regulären Armee betrachteten. Auf der anderen Seite gab es keine Verträge oder Bestimmungen über die Dauer der Verpflichtung der Freiwilligen bei den Interbrigaden – außer des Fahneneids. Das konnten die Soldaten in dem Sinne interpretieren, dass sie frei von Gebundenheiten waren und somit frei, jederzeit

---

[84] Hommel, Die Internationalen Brigaden, S. 46-48.
[85] Zitiert nach Hommel, S. 44.
[86] Die Politkommissare waren politische Führer, die jeder Einheit der Roten Armee zugeteilt wurden. Dieses Muster wurde auch auf die Internationalen Brigaden übertragen, um die politische Zuverlässigkeit der Soldaten zu sichern. Die Politkommissare in Spanien waren meistens hochrangige Mitglieder der verschiedenen kommunistischen Parteien und wurden den Einheiten ihrer jeweiligen Nationalität zugeteilt.
[87] Berg, Internationale Brigaden, S. 145.

gehen zu können, was auch davon begünstigt wurde, dass sie allgemein als Freiwillige angesehen wurden und nicht als richtige Soldaten.[88]

Im Basislager in Albacete und während der Einquartierungen hatten die Soldaten einen relativ geregelten Tagesablauf. Sie mussten sich in Gymnastik körperlich betätigen, wurden in militärische und technische Aspekte der Kriegsführung eingeführt, mussten aber auch an politischen Instruktionen teilnehmen. Die Stundenzahlen der unterschiedlichen Instruktionen variierten meistens je nach Brigade oder Zeitabschnitt. Im Wesentlichen ist darauf hinzuweisen, dass mit der Zeit die Stundenzahl der politischen Instruktionen anstieg. Dieses mag auch daran liegen, dass die Politkommissare darauf hingewiesen wurden, die Schulung der Soldaten in politischen Aspekten sehr ernst zu nehmen, aber auch daran, dass wegen der schwierigen Versorgungslage oft eher politischer Aktionismus statt Mängelerhebung betrieben wurde.[89]

„Morgens bei den angesetzten Freiübungen herrscht keine soldatische Ordnung. Wer mitmacht, macht mit, und wer keine Lust hat, schaut zu. Trotzdem die Schule jetzt schon seit Wochen funktioniert, gibt es keine Becher zum Kaffeetrinken, die Kameraden trinken alle ihren Kaffee aus ihren Esstellern. Bei manchen Schülern beginnt der Dienst, ohne dass er vorher laut Vorschrift sein Bett in Ordnung gebracht hat. Im Augenblick sind 313 Schüler dort, mit 192 Gewehren, davon nach Ausdruck des Waffenmeisters die Hälfte Museumsstücke. [...] Die Kantine ist am reichsten mit alkoholischen Getränken versorgt. Es ist vorgekommen, da man über kein Trinkwasser und über keine Art von Limonade verfügt, die Kameraden abends nach schwerem Dienst ihren Durst mit Champagner stillen mussten."[90]

Gravierende Organisationsmängel waren an der Tagesordnung, nicht nur im Hauptquartier in Albacete, sondern vor allem an der Front. Es mangelte in Albacete an ausgeglichenen Nahrungsmitteln, aber, was am Wichtigsten war, es mangelte an Waffen. Die Soldaten hatten meistens nur ein paar Gewehre oder Maschinengewehre, mit denen sie üben konnten.[91] Die Übungen hatten nicht die Wirkung, die sie haben sollten. Die meisten Freiwilligen sahen es nicht ein, ihre

---

[88] Ebenda, S. 146.
[89] Ebenda, S. 186-188.
[90] Ebenda, S. 7. Aus: SAPMO-Bundesarchiv Sg Y 11 V / 237 / 4 / 52 Bestand: National-revolutionärer Krieg des spanischen Volkes; Sanitätsdienst, Kontrollberichte Mai 1937 – April 1938; Bl 10.
[91] Diese Tatsache wird auch von George Orwell bestätigt. Orwell, Homage, S. 10-40.

43

Zeit mit solchen Übungen zu verbringen und wollten so schnell wie möglich an die Front geschickt werden.

Am 4. November 1936 schrieb André Marty, der mit der Aufsicht der Brigaden betreut worden war, an Dmitrij Manuil'skij nach Moskau über den Stand der Vorbereitungen in Albacete. Letzterer informierte dann Stalin darüber:

> „[...]we have three thousand men for an International Brigade at Albacete; of them two thousand men are already formed into four batallions. By nationality they are Italians, Germans, French, Balkan nationals, and Poles; by party, they are 80 percent Communist and Socialist. The morale of the brigades is strong. Lacking are automatic weapons and artillery; one-third have insufficient military training. The command staff is extremely small and insufficiently qualified."[92]

Trotzdem wurden die ersten Effektive der XI. Internationalen Brigade schon am 7. November 1936 nach Madrid geschickt, um an der Verteidigung der Hauptstadt mitzuwirken. Verglichen mit den Truppen der spanischen republikanischen Armee waren die Interbrigaden zwar zahlenschwach, schlechter vorbereitet und unerfahren; ihre Ankunft hatte aber eine extrem große positive psychologische Wirkung auf die Bevölkerung und damit auch auf die Verteidigung der Stadt. Dieses konnte nur in einem Krieg so stark ausschlaggebend sein, in dem – wie das in Spanien der Fall war – symbolische Werte eine sehr große Rolle spielten.[93] „'Männer und Frauen Madrids', heißt es in einem Aufruf der Internationalen Brigade [XI. IB], 'wir sind gekommen, um Euch zu helfen, um Eure Hauptstadt mit der gleichen Hingabe zu verteidigen, als ob es die Hauptstadt eines jeden von uns wäre. Eure Ehre ist unsere Ehre, Euer Kampf ist unser Kampf."[94] Im Dezember 1936 und Anfang des Jahres 1937 wurden schon die nächsten Brigaden im Kampf um Madrid eingesetzt. Dieses hatte viele Opfer zur Folge, manche Bataillone verloren über die Hälfte ihrer Männer. Dennoch gelang es der republikanischen Armee, die nationalistische Armee zurückzuweisen.[95]

---

[92] Radosh/Habeck/Sevostianov, Spain betrayed, S. 104-105. Aus: RGVA (Russisches Staatliches Militärarchiv), f. 33987, op. 3, d. 832, l. 309.
[93] Vilar, Der spanische Bürgerkrieg, S. 61.
[94] Longo, Luigi („Gallo"): Die Internationalen Brigaden in Spanien. Berlin 1958, S. 68. Ohne Angabe der Quelle.
[95] Graham, Spanish Republic, S. 201.

Einsatzort	Zeit	Brigaden
Verteidigung von **Madrid**[96]	November 1936 – Januar 1937	XI, XII, XIV XII
Mirabueno	Januar 1937	XIII
Teruel	Dezember 1936 – Januar 1937	XIV
Lopera		XIII
Motril	Dezember 1936	XIII
Pitres	Februar 1937	XI, XII, XIV, XV
Jarama	Februar 1937	XI, XII
Guadalajara	Februar 1937	XIII
Pozoblanco (Andalusien)	März 1937	XII
Pingaron	April 1937	XII
Garabitas	April 1937	XI
Utande	Mai 1937	XIV
Balsain	Mai 1937	XII
Huesca	Mai – Juni 1937	XI, XII, XIII, XV
Brunete	Juni 1937	XI, XIV
Quinto	Juli 1937	XII, XIII
Villamayor de Gallego	August 1937	XV
Belchite	August 1937	XI
Mediana	September 1937	XI, XV
Grañén	August – September 1937	XV
Fuentes de Ebro	September – Dezember 1937	XIV
Cuesta de la Reina	Oktober 1937	XI, XV
Teruel	Oktober 1937	XI, XV
Segura de los Baños	Januar- Februar 1938	XII, XIII, 129.
Salamea	Februar 1938	
	Februar 1938	

---

[96] Die fett markierten Namen stellen Orte / Schlachten dar, an denen auch die rumänischen Gruppen in den Interbrigaden beteiligt waren. Siehe dazu Adorian, Voluntari.

Einsatzort	Zeit	Brigaden
Belchite-Lessera	März 1938	XIII, XV
Vinasente	März 1938	XI
Hijar	März 1938	XII, XV
Caspe	März 1938	XI, XII, XIII, XIV, XV
Morella	März 1938	129.
Monroy	März 1938	129.
Batea	März 1938	XI, XV
Gandesa	März – April 1938	XI, XV
Lérida	März – April 1938	XIII
Mora la Nueva	März – April 1938	XI, XIII, XV
Aliaga	März – April 1938	129.
Castellón	Juli 1938	129.
Amposta	Juli 1938	XIV
Asco-Flix	Juli 1938	XI, XIII, XV
Corbera	Juli 1938	XI, XIII, XV
Sierra de Pàndols	August – September 1938	XI, XIII, XV
Sierra Cabals	August – September 1938	XI, XIII, XV
Vertisse-Gaeta	August – Oktober 1938	XI, XII, XIII, XIV, XV
Defensa de Catalunya	Januar 1939	

Tabelle 2: Übersicht der Schlachten, an denen Effektive der Internationalen Brigaden teilnahmen.[97]

3.3. In Spanien: Verhältnis zum Land und zu den Spaniern

Ab 1937 wurden auch spanische Soldaten in die Internationalen Brigaden eingegliedert. Dieses führte einerseits dazu, dass die Kontingente der Truppen wieder „aufgefüllt" wurden, auf der anderen Seite verursachte es Spannungen. Die spanischen Soldaten hatten offenbar eine andere Art von militärischer Ausbildung genossen; außerdem hatten sie einen anderen Rhythmus und ein

---

[97] Hommel, Die Internationalen Brigaden, S. 58-59; Castells, Las Brigadas Internacionales, S. 93.

anderes Verständnis von Autorität.[98] Auch die politische Option war eine andere: Während die meisten Interbrigadisten Kommunisten waren, waren die Spanier keine Anhänger des PCE, sondern meist anarchistisch gestimmt, wenn überhaupt politisch gefärbt. Die Probleme kamen auch daher, dass es zwischen der Leitung der Brigaden und der Leitung der spanischen republikanischen Armee Kommunikationsschwierigkeiten und Vorurteile auf beiden Seiten gab. Die Interbrigadisten sahen die spanische Armee als faul, undiszipliniert und unorganisiert an. Auf der anderen Seite war in der spanischen Armee die Meinung vertreten, dass

> „the International Brigades are nothing but a foreign legion, an army of mercenaries fighting for money, who therefore have only one right: the right to obey. [...] Certainly the militants in the International Brigades are quite aware of this situation; they cannot help perceiving this treatment as an insult to their antifascist convictions and to the millions of comrades who came with them and have since fallen in defense of Republican Spain."[99]

Im Großen und Ganzen gestaltete sich aber das Verhältnis der internationalen Freiwilligen zur spanischen Bevölkerung positiv. Die Interbrigaden organisierten Alphabetisierungskampagnen, übernahmen Patenschaften für Waisenhäuser und richteten bei ihrer Einquartierung in Dörfern Kulturhäuser ein, wo sie Veranstaltungen zusammen mit der Bevölkerung durchführten.[100] Teilweise leisteten die Brigaden in den Ortschaften, wo sie einquartiert waren, Aufklärungsarbeit im Sinne der Volksfront, organisierten Dorffeste, Kinoabende und andere Veranstaltungen und halfen gelegentlich bei der Feldarbeit mit. Auf der anderen Seite gab es Berichte über Soldaten, die das Verhältnis zu Frauen aus den Ortschaften mehr als kameradschaftlich gestalten wollten, oft Bordelle besuchten, betrunken aufgetreten waren und einen Skandal verursacht oder Bauernhöfe geplündert und Gemüse gestohlen hatten.[101]

---

[98] Schauff, Der verspielte Sieg, S. 192.
[99] Radosh/Habeck/Sevostianov, Spain betrayed, S. 241. Bericht über die Situation der Internationalen Brigaden, Ende Juli 1937 verfasst von Vital Gayman „Vidal". Aus: RGVA, f. 35082, op. 1, d. 90, ll. 539-533.
[100] Berg, Internationale Brigaden, S. 77.
[101] Ebenda, S. 80-83.

Durch die Einquartierung von Soldaten der Internationalen Brigaden in verschiedene Ortschaften hoffte man, direkten Kontakt zur zivilen Bevölkerung zu schaffen; die Misstaten der Interbrigadisten hatten aber mancherorts einen negativen Effekt auf das Ansehen der Brigaden. So nahm die Bevölkerung die Brigaden oft kühl auf, oder konnte sich, in einzelnen Fällen, gar gegen die Einquartierung von Soldaten durchsetzen. Berg avanciert die These, dass die Vergehen gegen die Zivilbevölkerung in Korrelation zum Ausbleiben der Kriegserfolge steht, weil die Mehrzahl der Übergriffe für das Jahr 1938 dokumentiert ist.[102] Da aber in den meisten Memoirenbüchern ehemaliger Freiwilliger fast nur von der Eintracht zwischen den Mitgliedern der Internationalen Brigaden und der Zivilbevölkerung die Rede ist, bleibt es fraglich, ob die erwähnten schlechten Handlungen tatsächlich eine Regel darstellten. Soweit man es anhand der Memoiren beurteilen kann, waren es eher Ausnahmen.[103]

Die Bestrafungen als Folge von schlechtem Verhalten oder Desertion wurden im Sommer 1937 durch ein Dekret der Armee festgelegt. Es sollten Militärtribunale geschaffen werden, die bei Vergehen Strafen von 12 Jahren bis zur Todesstrafe verhängen konnten. Diese Verfügung erleichterte zwar die Inhaftierung oder sogar Erschießung von Brigadisten, deren Vergehen vielleicht auch „politisch" motiviert waren; es ist aber nicht festgestellt, inwiefern dabei Willkür angewandt wurde. Die Kommandantur in Albacete soll sogar im Fall von zu schnell ausgesprochenen Todesurteilen eingegriffen haben. Nach Vergehen wie einer Desertion im Urlaub wurden die Freiwilligen eher für einige Wochen in Arbeits- und Umerziehungslager geschickt. Für diese Zeit stand ihnen nur die Hälfte ihres Soldes zur Verfügung. Schlimmere Strafen und Inhaftierungen gab es im Fall einer Desertion an der Front.[104]

---

[102] Ebenda, S. 85-86.

[103] Es seien hier als Beispiele genannt, außer dem Buch von George Orwell, auch folgende Werke: Longo, Die Internationalen Brigaden in Spanien; Österreicher im spanischen Bürgerkrieg: Interbrigadisten berichten über ihre Erlebnisse 1936 bis 1945. Herausgegeben von der „Vereinigung Österreichischer Freiwilliger in der spanischen Republik 1936 bis 1939 und der Freunde des demokratischen Spanien". Wien 1986; Roman, Cavalerii.

[104] Huber, Peter/ Uhl, Michael: Politische Überwachung und Repression in den Internationalen Brigaden (1936-1939), in: Forum für osteuropäische Ideen- und Zeitgeschichte 2 (5)/2001, S. 145.

Dass die Komintern in Spanien aktiv war, wurde schon in Kapitel 2.5 behandelt. Ob nun Stalin mittels der Komintern und des PCE tatsächlich versucht hat, die Kontrolle über Spanien zu erlangen, bleibe hier unbeantwortet. Wichtig festzuhalten ist aber, dass die Jagd auf Trotzkisten nicht nur in der Sowjetunion, sondern auch in den Internationalen Brigaden stattfand. Es handelte sich dabei eher um eine außergewöhnlich scharfe Kontrolle über das Personal, auch aus Angst vor Spionen und sogenannten Saboteuren. Die Liquidation dieser kann unter den Bedingungen der spanischen Republik jedoch nicht die Ausmaße des Terrors in der Sowjetunion erreicht haben. Denunziationen, die nach Moskau gingen, betrafen nur hochrangige Persönlichkeiten. Es war wohl eher so, dass man gegen Deserteure relativ hart vorging, dass die politische Kontrolle der kommunistischen Partei sehr streng und die in Kriegszeiten typische militärische Willkür auch hier keine Ausnahme war. Laut heutigem Forschungsstand ist es aber unwahrscheinlich, dass die Freiwilligen aus den Internationalen Brigaden direkte Opfer des stalinistischen Terrors wurden.[105]

3.4. Wir alle wollten auch dabei sein - Die Interbrigadisten

Die Zahl derjenigen, die in den Internationalen Brigaden eingegliedert waren, übertrifft 50.000 Personen. Im Bericht von Wilhelm Zeisser „Gómez" über die Arbeit im Hauptquartier in Albacete wird die Zahl von 52.049 Personen genannt, die sich in der Zeitspanne 1936-1938 als Freiwillige angemeldet hatten.[106] Diese entstammten mehr als 50 Ländern, sehr viele aus Deutschland, Frankreich, Österreich, Polen, Großbritannien und den USA. Die hohe Arbeitslosigkeit infolge der Weltwirtschaftskrise Ende der 20er Jahre hatte eine erhöhte Mobilität der Arbeiterschaft zur Folge. Diese Erfahrung der Bereitschaft, den Wohnort häufig zu wechseln um Arbeit zu finden verband sich meist mit politischem Engagement zugunsten der Linken. Die Erfahrung der Entwurzelung (welcher Natur auch immer) erhöhte die Wanderbereitschaft, auf

---

[105] Schauff, Der verspielte Sieg, S. 193-194.
[106] Radosh/Habeck/Sevostianov, Spain betrayed, S. 467. Aus: RGVA, f. 33987, op. 3, d. 1149, ll. 260-265, 268-269.

der anderen Seite aber auch die Notwendigkeit eines Gefühls der Zugehörigkeit. Die Internationalen Brigaden in Spanien gewährleisteten beides.

Die Mehrzahl der Spanienkämpfer hatte ihre Wurzeln im Arbeitermilieu. Dieses gilt auch für die rumänischen Freiwilligen. Es waren Leute, die in den 20er und 30er Jahren politisch aktiv gewesen waren (ob auf Streiks, Kundgebungen oder allgemein in der kommunistischen Partei ihres Landes), deren Ansichten sich durch die Erfahrung der Weltwirtschaftskrise und des Aufstiegs des Nationalsozialismus radikalisiert hatten und die nun die Gelegenheit ergreifen wollten, aktiv zu werden und gegen den Faschismus zu kämpfen. Vor allem bei denjenigen, die schon in den Sommermonaten des Jahres 1936 spontan nach Spanien gekommen waren, war die Überzeugung dominant, durch die eigenen Handlungen die Geschichte ändern zu können.[107] Diejenigen, die als erste Rekruten gleichzeitig mit der Gründung der Interbrigaden nach Spanien gelangten, waren den Reihen der Kommunistischen Parteien entsprungen. Sie waren zwar politisch aktiv, doch beschränkte sich ihre revolutionäre Natur auf die Gesetze der Partei.[108] Viele traten auch ein, weil sie einfach orientierungslos waren: Vor allem nach Oktober 1936 nach Spanien Gekommene waren „zufällig" da gelandet (ob aus Abenteuerlust, Zufall, Langeweile, Gruppenzwang), was bedeutet, dass sie nicht unbedingt aus Überzeugung an diesem Krieg teilnahmen.[109] Entscheidend für eine Teilnahme am Spanischen Bürgerkrieg war also eigentlich das persönliche Schicksal, eine spezifische familiäre Konstellation und eine erhöhte Mobilität, die sich aus der Biographie ergab und durch die Weltwirtschaftkrise verstärkt wurde.

Was die einzelnen Nationalitäten betrifft: Für diese Arbeit sind die aus Ost- und Mitteleuropa kommenden Freiwilligen am interessantesten, da sie teilweise unter ähnlichen Bedingungen wie die Rumänen in ihren Heimatländern leben mussten und auch aus ähnlichen Gründen den Weg nach Spanien und den Krieg auf sich nahmen.

Mit dem Aufstieg des Nationalsozialismus war die kommunistische Partei in Deutschland verboten worden. Ein ähnliches Schicksal war 1933 der österreichischen KP widerfahren – wer als Kommunist aufgegriffen wurde, war

---

[107] Berg, Internationale Brigaden, S. 203.
[108] Ebenda, S. 204.
[109] Ebenda, S. 205.

straffällig. Infolge dieser Zustände waren viele österreichische und deutsche Kommunisten ins Exil gegangen; andere lebten im Untergrund. Als die Meldung der Komintern bekannt wurde, dass man Freiwillige für den spanischen Bürgerkrieg suchte, entschlossen sich viele, nach Spanien zu gehen. „I must say, there was enormous enthusiasm for Spain... most of the political emograrts had already done time in Germany. They had been imprisoned, beaten. It was an opportunity to face the Nazis with a weapon in your hand. That played a huge role."[110]

„Wir alle wollten auch dabei sein, denn mit den Faschisten, gleich welcher Nation, hatten wir noch seit dem Februar 1934 eine offene Rechnung zu begleichen."[111] Allerdings versuchte die Kommunistische Partei Österreichs, die zukünftigen Freiwilligen auszuwählen. Man bevorzugte militärisch Ausgebildete, Facharbeiter oder solche, die mit einem Lastwagen umgehen konnten. Diejenigen, die stark in die Parteiarbeit eingebunden waren, bekamen von der KPÖ keine Erlaubnis zur Reise nach Spanien. Von der österreichischen Regierung wurde der Versuch unternommen, durch verschärfte Kontrollen die Ausreise der Freiwilligen zu verhindern. So hieß es in einem Schreiben des österreichischen Bundeskanzleramtes:

„Das in London tagende Nicht-Interventions-Komitee hat u.a. auch an die Bundesregierung die Frage gestellt, ob sie grundsätzlich bereit wäre, nicht nur die Anwerbung und Ausreise in bzw. aus Österreich durch Maßnahmen zu verhindern (die gesetzlichen Grundlagen bestehen dafür bereits), sondern auch den Aus- und Durchreiseverkehr solcher Personen zu behindern, die verdächtig erscheinen, an den kriegerischen Handlungen in Spanien teilnehmen zu wollen. Die Bundesregierung wird auf diese Anfrage hin ihre grundsätzliche Zustimmung erteilen."[112]

---

[110] McLellan, Antifascism, S. 20. Aus: Interview mit Roman Rubinstein vom 4. Januar 1999.
[111] Aussage von Josef Grandl. In: Österreicher im spanischen Bürgerkrieg, S. 40. Im Februar 1934 hatte es in Wien heftige Straßenkämpfe gegeben. Die Sozialdemokraten und die Arbeiterschaft kämpften dabei gegen die Regierung von Engelbert Dollfuß. Der Aufstand wurde aber blutig niedergeschlagen und alle Parteien wurden verboten.
[112] Schreiben des Bundeskanzleramtes, Auswärtige Angelegenheiten, an die Österreichische Gesandtschaft in Prag betreffend die Durchreise von Spanienkämpfern aus der Tschechoslowakei durch Österreich, vom 19. Dezember 1936. Aus: Für Spaniens Freiheit. Österreicher an der Seite der Spanischen Republik 1936-1939. Eine Dokumentation. Herausgegeben vom Dokumentationsarchiv des österreichischen Widerstandes. Wien 1981, S. 71.

Die KPÖ organisierte deshalb den illegalen Grenzübertritt aus Österreich in die Schweiz, sowohl mit Zügen, als auch über die Berge, mit Hilfe erfahrener Alpinisten. Sogar im Winter lotste man manche Freiwillige auf Schiern in die Schweiz. Dabei wurde nicht nur österreichischen, sondern auch deutschen, rumänischen, bulgarischen, tschechischen und ungarischen Spanienkämpfern geholfen.

Nach dem Staatsstreich vom Mai 1934 regierte in Bulgarien eine Militärdiktatur, welche alle politischen Parteien verboten hatte. In Ungarn wütete das autoritäre Regime des Admirals Horthy, in Polen regierte ab 1935 eine Koalition von Militärs und Nationaldemokraten. Die Unterstützungsbewegung für Spanien war sehr groß in diesen Ländern, obwohl die kommunistischen Parteien über keine großen Ressourcen verfügten. Da ihnen die Ausreise verboten war, kamen die meisten Spanienkämpfer durch die Tschechoslowakei, Österreich und die Schweiz nach Paris.[113] In der Tschechoslowakei war die Kommunistische Partei bis zum Münchener Abkommen 1938 legal. Nur so war es möglich, die Reise so vieler Freiwilliger durch das Land in Richtung Paris zu organisieren. Zwar war die tschechoslowakische Regierung dem Nichtinterventions-Abkommen beigetreten; viele Aktionen der KPTsch konnten aber im offiziellen Bereich stattfinden.[114]

Viele der Freiwilligen kamen aus dem Exil. Auch wenn sie diese Möglichkeit der Verfolgung und Inhaftierung bewahrt hatte, waren die meisten im Exil Lebenden nicht zufrieden. Auch wenn man in „Freiheit" lebte, war man von der Familie, von den bisherigen sozialen Kontakten und von den ursprünglichen politischen Netzwerken getrennt. Hinzu kamen die Sprachbarriere und die begrenzte oder gar nicht existierende Arbeitsgenehmigung – für viele war es unmöglich, eine gute oder sichere Arbeit zu finden, oder überhaupt eine Arbeit, sie lebten von einem Tag auf den anderen. Gefühle der Machtlosigkeit und Desillusionierung waren vorherrschend. In Spanien konnte man offen gegen den Faschismus kämpfen; die Untergrundarbeit und –zeit war nun vorbei. Der versteckt lebende

---

[113] Siehe dazu: International Solidarity with the Spanish Republic, 1936-1939. Herausgeber: Academy of Sciences of the USSR u.A. Moskau 1976.
[114] Geschichte der Kommunistischen Partei der Tschechoslowakei. Herausgegeben vom Institut für Marxismus-Leninismus beim ZK der KPTsch. Berlin 1981, S. 157.

Kommunist, der „Illegale", wurde wieder zu einer Person, er wurde ein „Kamerad". Außerdem war es eine Art Wiederbestätigung der Ziele und Ideale, für welche die meisten überhaupt den Kommunisten beigetreten waren. Für diejenigen, die noch keine Kommunisten waren, war die Zeit in Spanien so etwas wie eine Offenbarung, die sie in die kommunistische Partei führte.[115]

Das Leben bekam in Spanien einen tieferen Sinn. Zwar versagten manche angesichts des Krieges[116], für viele andere wurde aber der Slogan „Der Kampf um Freiheit ist der Kampf um [Polen/Deutschland/Rumänien/usw.]" zum Leitmotiv ihres Lebens. Um auch das Leitmotiv der rumänischen Freiwilligen verstehen zu können ist es allerdings notwendig, näher auf die rumänische Gesellschaft und politische Landschaft der 30er Jahre einzugehen. Nur so kann man die Gründe verstehen, die fast 500 Rumänen dazu bewogen haben, sich im Bürgerkrieg in Spanien an der Seite der Internationalen Brigaden zu engagieren.

---

[115] McLellan, Antifascism, S. 22 und 29.
[116] Ebenda, S. 38. Bei den deutschen Freiwilligen kamen Fälle von Undiszipliniertheit relativ häufig vor. Fast jeder 10. deutsche Spanienkämpfer hatte einige Zeit in einem Disziplinierungslager verbracht. Von den rumänischen Freiwilligen sind solche Daten allerdings nicht bekannt.

4. Rumänien in den 20er und 30er Jahren

4.1. Wirtschaft, Gesellschaft und Staat

Nach dem ersten Weltkrieg hatte sich das Gebiet des rumänischen Königreichs, durch die Vereinigung mit Bessarabien, Siebenbürgen, dem Banat und der Bukowina fast verdoppelt.[117] Dass Rumänien aber immer noch ein sehr stark landwirtschaftlich geprägtes Land blieb, daran vermochten die stärker industriell entwickelten Gebiete des Banats und Siebenbürgens nichts zu ändern. 1920 lebten 77,8% der Bevölkerung auf dem Land. Bis 1939 stieg der Anteil sogar noch auf 81,8%.[118] Der Urbanisierungsgrad betrug 1930 erst 20%, wobei davon mehr als die Hälfte auf die 20 größeren Städte konzentriert war. Zwischen 1930 und 1940 vermerkte man statistisch einen Zuwachs der Stadtbevölkerung, aber dieses war mehrheitlich dem Zuzug in die Hauptstadt Bukarest zu verdanken.[119] Die Vereinigung mit Siebenbürgen und dem Banat wirkte sich positiv auf die industrielle Produktionskapazität aus. Metallurgie, Bergbau und Ölindustrie steigerten ihre Produktion in den 20er Jahren um bis zu 190%.[120] Die städtische Arbeiterklasse wuchs direkt proportional zum Industriezuwachs, aber die Arbeitsbedingungen verbesserten sich kaum und die Löhne blieben sehr niedrig.[121] Indirekt proportional zum Wachstum konzentrierte sich die Kontrolle über die Industrie und das Kapital in immer weniger Händen.[122] Trotz des Wachstums und der Veränderungen blieb das soziale Gefüge gleich: Im Jahr 1930 arbeiteten über 70% der aktiven Bevölkerung in der Landwirtschaft, hingegen nur 13,2% in Industrie, Bergbau und im Verkehrswesen.[123] Ein Viertel davon waren nicht qualifizierte Arbeitskräfte, die meist aus der ländlichen Gegend, wo es keine Arbeit für sie gab, kamen. Viele davon lebten am Rande der Städte. Somit waren sie von der ländlichen Welt abgeschnitten, hatten aber

---

[117] Diese Gebiete betrachtete man in Rumänien als historische rumänische Territorien, die nun endlich mit dem Mutterland vereinigt werden konnten.

[118] Hitchins, Romania, 1866-1947. Bukarest 2003³, S. 375.

[119] Ebenda, S. 383-384. Die Bevölkerung von Bukarest war beispielsweise von 1938 bis 1939 um 240.000 Personen gestiegen.

[120] Ebenda, S. 397.

[121] Hitchins, An Outline History, S. 60.

[122] Hitchins, Romania, S. 399.

[123] Ebenda, S. 400.

in der städtischen keinen richtigen Platz gefunden. Die Weltwirtschaftskrise wirkte sich auch in Rumänien negativ aus, das Wachstum der 20er Jahre ging rasch zurück. Vor allem die bislang boomenden Regionen hatten unter sinkenden Arbeitslöhnen, stark reduzierten Arbeitszeiten und einer sich rapide erhöhenden Arbeitslosigkeit infolge von Konkursen zu leiden.[124]

Die soziale und politische Krise im Rumänien der 30er Jahre, als sich trotz des demokratischen Regimes eher autoritäre Regierungen ablösten, gründete mehrheitlich in den strukturellen Verwerfungen der Jahrhunderte davor. Die rumänischen Provinzen hatten es bis in die 1920er Jahre zu keiner mit dem westlichen Europa vergleichbaren Entwicklung der Bereiche Liberalisierung, Differenzierung der Gesellschaftsstruktur oder Wirtschaft gebracht. Doch die Jahre nach dem ersten Weltkrieg, die Revolution in Russland sowie die allgemeine Stimmung, die auf Reformen und Erneuerung der Gesellschaft hoffte, verdeckte dieses. Die Krise brach erst mit den Auswirkungen des Kollaps' der Weltwirtschaft ein. Selbst die politische Führungsschicht hatte keine Reformen durchgemacht, zumindest nicht im tieferen Sinne. Alte und neue Verhaltensmuster durchkreuzten sich in der neuen Demokratie, die eigentlich keiner richtigen Demokratie entsprach. Dennoch war die Vielfalt des politischen Spektrums gegeben: von Liberalismus zu Konservatismus, von Sozialismus zur Rechtsextreme, von Bauernparteien zum Nationalismus, alles war vertreten und suchte nach Lösungsansätzen für die wirtschaftliche und soziale Krise. Während aber die Linke von allen Regierungen mit allen Mitteln der Macht unterdrückt wurde, war es der politischen Elite nicht möglich, eine einheitliche Haltung gegenüber der Rechten einzunehmen, was deren Aufstieg stark begünstigte.

Die politische Entwicklung der Zwischenkriegszeit mit dem in der Praxis nur mangelhaft funktionierenden Parlamentarismus tendierte vor allem seit der Weltwirtschaftskrise zu politischer Radikalität, wobei insbesondere die Legion des Erzengel Michael (Eiserne Garde) durch ihre Mischung aus Gewalttaten und legaler Aktivitäten großen Einfluss auszuüben begann.[125] Zwar kann man nicht sagen, dass der König oder die Regierungen für die aufsteigende Rechte

---

[124] Ebenda, S. 408-409.
[125] Heinen, Armin: Die Legion „Erzengel Michael" in Rumänien. Soziale Bewegung und politische Organisation. Ein Beitrag zum Problem des internationalen Faschismus. München 1986, S. 37.

Sympathien entwickelt hatte (mit einigen Ausnahmen; es gab rechtsgerichtete Regierungsmitglieder). Sie gingen nur nicht hart und entschieden genug dagegen vor und tolerierten sie, in der Hoffnung, eigenes politisches Kapital herausschlagen zu können.[126] Dass die Rechte immer mehr Anhänger gewann und auch immer einflussreicher wurde, stellte eine große Katastrophe für alle Verfechter des parlamentarischen Systems dar. Die Konsequenz war, dass König Carol II. 1938 durch eine königliche Diktatur dem demokratischen Nachkriegsexperiment ein Ende setzte, der in den Jahren 1940-1944 eine faschistische und dann bis 1945 eine militärische Diktatur folgten.[127]

4.2. Kämpft im Verborgenen - Die Rumänische Kommunistische Partei (RKP)[128]

Die Revolution in Russland in den Jahren 1917-1920 war der Auslöser für die Utopie einer neuen, mystischen Welt einer ganzen Generation, die vom Schmutz der Kriegsgräben, vom Verfall der bürgerlichen Welt radikalisiert worden waren. Diese Generation war für die kommunistisch-sozialistischen Weltvorstellungen offen. Gemeinsam war ihrer Repräsentanten der Idealismus, der revolutionäre Eifer, der Wunsch, die Welt in irgendeiner Weise zu verbessern, sowie die Sicherheit, nichts zu verlieren zu haben.[129]

1893 war in Bukarest die Rumänische Sozialdemokratische Partei gegründet worden. Sie verfügte jedoch zu keiner Zeit über Einfluss in der politischen Welt. Zwar konnte sie nach dem ersten Weltkrieg von der zunehmenden Radikalisierung der Gesellschaft profitieren, aber nur für kurze Zeit, denn innerhalb der Partei selbst zeichneten sich mehrere Fraktionen ab, von denen sich eine pro-kommunistische Fraktion in den Jahren 1919-1920

---

[126] Hitchins, Romania, S. 453.
[127] Hitchins, An Outline History, S. 61.
[128] Die Kommunistische Partei trug in Rumänien von 1921 bis 1989, mehrere Namen: Kommunistische (Sozialistische) Partei Rumäniens, Kommunistische Partei Rumäniens – Sektion der III. Internationale, KP – Rumänische Sektion der Komintern, Kommunistische Partei Rumäniens, Rumänische Arbeiterpartei und schließlich Rumänische Kommunistische Partei. Frunză, Istoria stalinismului, S. 10-11. Der Einfachheit halber wird fortan in dieser Studie von der kommunistischen Partei Rumäniens oder der Rumänischen Kommunistischen Partei (RKP) die Rede sein.
[129] Tănase, Clienţii, S. 32.

langsam abspaltete.[130] In der offiziellen rumänischen Geschichtsschreibung nach 1945 wurde diese Abspaltung als ein gemeinsam gewolltes Übertreten der Sozialdemokraten zum Kommunismus und zu den Werten der Komintern dargestellt.[131] In Wirklichkeit war es aber so, dass einige der rumänischen Sozialdemokraten, die sich 1919 in Russland aufhielten, am ersten Kongress der Komintern im März 1919 in Moskau teilnahmen. Dieses machten sie in ihrer Eigenschaft als Mitglieder einer rumänischen kommunistischen Partei, die es zu dem Zeitpunkt jedoch gar nicht gab.[132]

Mitte des Jahres 1918 hatten die russischen Bolschewiki nämlich begonnen, neue rumänische sozialistische Organisationen zu bilden, die ihren eigenen Propagandazwecken in Rumänien, aber auch in Russland dienen sollten. Eine rumänische Gruppe sollte dem ZK der KP (b) Russlands angegliedert werden und hatte es als Aufgabe, den rumänischen Kriegsveteranen, die sich seit dem ersten Weltkrieg in Russland befanden, ein proletarisches Klassenbewusstsein einzuimpfen. Eine weitere Gruppe wurde „Rumänisches Kommunistisches Revolutionäres Komitee" genannt und sollte, durch das Verbreiten bolschewistischer Propaganda, Rumänen für den Kommunismus mobilisieren, vor allem in Bessarabien, um die dortige Bevölkerung für die Russifizierung (im Falle der Rückkehr dieser Provinz zum russischen Mutterland) empfänglich zu machen.[133] Die kommunistischen Anhänger in Rumänien, die Mitglieder der Sozialdemokratischen Partei waren und sich „Maximalisten" nannten, versuchten, ab 1918 mit dem Segen der Bolschewiki die Sozialdemokraten für eine proletarische Revolution zu begeistern, sollten aber an deren Widerstand scheitern. Im Dezember 1918 wurde von ihnen, die sich mittlerweile offen als Kommunisten bezeichneten, die These angenommen, dass nicht die Entwicklung der westlichen kapitalistischen Länder für eine proletarische Revolution maßgebend war, sondern die Russische Revolution. Erst das Entstehen der Komintern im März 1919 sollte den endgültigen Bruch mit den Sozialdemokraten markieren, weil die Maximalisten auf den Anschluss an die Komintern drängten. 1920 fanden erste Verhandlungen in dieser Hinsicht

---

[130] King, History, S. 15-16.
[131] Dieses ist bei fast allen zwischen 1945 und 1990 erschienenen Werken der Fall, so auch bei Robert King.
[132] Tănase, Clientii, S. 22.
[133] Hitchins, An Outline History, S. 56.

statt, jedoch war nicht die gesamte Partei damit einverstanden.[134] Ende 1920 spalteten sich dann die Kommunisten ab und gründeten 1921, mit Hilfe der Moskauer Fraktion, ihre eigene Partei.

Seit ihrer Entstehung bestand die Basis der Partei aus geheimen Netzen nach bolschewistischem Muster. Dadurch, dass die Finanzierung von Moskau kam, wurde die Abhängigkeit der RKP von der KP(b)SU besiegelt. Diese Abhängigkeit sollte bis spät nach dem zweiten Weltkrieg bestehen bleiben. Die Welt der Linken war in der Zwischenkriegszeit eine Welt der Grüppchen, der politischen Sekten mit kurzlebiger Existenz. Sie formten und lösten sich je nach Bedarf und Wunsch der Parteikader auf, vor allem aber nach den Regeln der Komintern.[135]

„Steigt hinab unter die Erde, kämpft im Verborgenen, denn nur so werdet ihr euch vermehren und die Kraft erhalten, die euch fehlt. Wir, Genossen, werden aufmerksam wachen, unseren Feind Schritt für Schritt verfolgend und den besten Moment suchend, um zuzuschlagen gegen die gierige Bourgeoisie, die so viel Leiden und Schmerz verursacht. Seid und formt fanatische Kommunisten! Es lebe die russische proletarische Revolution! Es lebe die Avantgarde des gewissenhaften rumänischen Proletariats!"

Dies wurde in einer Broschüre der RKP gefordert.[136] Allein schon wegen der Untergrundarbeit waren wenige bereit, der RKP beizutreten. In einem Artikel von 1922 schrieb einer der führenden Sozialdemokraten, Ilie Moscovici, folgendes:

„Der Untergrundmensch ist immer ultrarevolutionär, er rennt von hier nach da, von Angst erfüllt, seht sich auch im Traume von der Polizei verfolgt. So wird er unruhig, sein Vermögen, die Wirklichkeit aufzufassen, schwindet, er lebt in einer Traumwelt und sehnt sich die schnelle Revolution herbei, die ihn von der Polizei befreit und die Menschheit glücklich machen soll."[137]

Die Probleme der RKP mit der Polizei hingen auch mit dem Statut zusammen, welches der Partei von der Komintern auferlegt wurde: Sie sollte

---

[134] Ebenda, S. 58-59.
[135] Tănase, Clientii, S. 56.
[136] Ebenda, S. 60. Aus: „Broschüre des Lokalkomitees der rumänischen kommunistischen Gruppierungen", ohne Angabe der Quelle oder des Jahres.
[137] Ebenda, S. 63. Aus: „Adevărul" („Die Wahrheit") vom 8. Februar 1922.

nämlich dafür eintreten, dass die nach 1918 hinzugewonnenen Gebiete und Völker mit allen Mitteln um ihre Unabhängigkeit zu kämpfen hatten. Als Argument für die Trennung dieser Gebiete von rumänischen Staat wurde das Selbstbestimmungsrecht der Völker benutzt.[138] Schlussendlich wurde die RKP im Dezember 1924 durch ein Gesetz, das sogenannte „Gesetz Mârzescu"[139], verboten. Der erste Artikel sah vor, dass jegliche Assoziation von Personen, mit dem Ziel, Attentate gegen Personen oder Besitztümer durchzuführen, mit 5 bis 10 Jahren Haft geahndet wurde. Außerdem wandte man gegen die Kommunisten auch das Anti-Spionage-Gesetz an, welches bis 1931 eine Haftstrafe von 5 Jahren vorsah (durch die Änderungen von 1931 dann 10 Jahre) für Handlungen, die gegen den rumänischen Staat gerichtet waren.[140] Die meisten Kommunisten wurden der Verschwörung gegen die Staatssicherheit und der Zusammenarbeit mit extremistischen, fremden Organisationen gegen das Interesse des Staates beschuldigt. Mehrere Jahre Gefängnis und der Verlust der bürgerlichen Ehrenrechte waren die Strafe.

Ein Bericht der Staatssicherheit, der Anfang der 30er Jahre verfasst wurde, bezeugt die Verfolgung der Kommunisten:

„Im Jahr 1931 wurden 50 kommunistische Organisationen entdeckt, davon 12 für Spionage und 38 mit propagandistischer, organisatorischer und agitatorischer Tätigkeit. Es wurden 22 Attentate auf die Rumänischen Eisenbahnen durchgeführt oder versucht. [...] 1097 Kommunisten wurden verhaftet, 244 verurteilt. 86615 Manifeste wurden beschlagnahmt. [...] Bis zum 1. Oktober 1932 wurden 45 kommunistische Organisationen enttarnt, davon 10 für Spionage und 35 mit propagandistischer und agitatorischer Tätigkeit. Es wurden 4 Attentate durchgeführt oder versucht. 877 Kommunisten wurden verhaftet, 396 verurteilt. 40877 kommunistische Manifeste wurden beschlagnahmt."[141]

In der Zwischenkriegszeit schaffte es die Rumänische Kommunistische Partei nicht, eine große Zahl von Mitgliedern zu erreichen. Diese schwankte im Durchschnitt etwa zwischen 1000 und 2000 Personen.[142] Ein Hindernis dafür

---

[138] Frunză, Istoria, S. 41.
[139] George Mârzescu hieß der damalige rumänische Innenminister, der das Verbot der kommunistischen Partei veranlasste.
[140] Tănase, Clientii, S. 174.
[141] Ebenda, S. 169. Aus: Arhiva MAN (Archiv des rumänischen Innenministeriums), Fd. SSI, D 182, p. 57.
[142] Hitchins, An Outline History, S. 63.

war die obligate konspirative Untergrundarbeit, die mit häufigem Namens- und Hauswechsel verbunden war. Das Erscheinungsbild der RKP war das einer messianischen Sekte, einer Gruppe von Fremden mit extremer Doktrin und seltsamen Gewohnheiten.[143] Auch die ständige Verfolgung durch die Sicherheitspolizei war abschreckend. Viele der prominenten Mitglieder flohen in die UdSSR, wo einige Ende der 30er Jahre Opfer des stalinistischen Großen Terrors wurden.

Ein anderer Grund für die geringen Mitgliederzahlen lag auch im Traditionalismus und im sozialen Gefüge Rumäniens. Es war höchst unwahrscheinlich, dass sich die Bevölkerung von einer Partei angezogen fühlen konnte, die für die Abspaltung der „historischen Gebiete" (Siebenbürgen, Bukowina, Bessarabien, Dobrudscha) eintrat. Die RKP schaffte es nie, eine richtige Strategie zu entwickeln, die Bauern angezogen hätte – immerhin lebten und arbeiteten die meisten Erwachsenen immer noch auf dem Land. Auch wenn, als ein Paradox, die Landwirtschaft das wichtigste Thema der RKP war, so entwickelte sie kein überzeugendes agrarisches politisches Programm und konnte sich auch deshalb keine Gefolgschaft in den Dörfern sichern. Es war außerdem unklar, welches die Rolle der Bauernschaft in einer bürgerlich-demokratischen Revolution sein und in welcher Art und Weise die Verbrüderung mit dem Proletariat funktionieren sollte. Die Bauern waren, von der anderen Seite her gesehen, der Meinung, dass die Kommunisten sich gegen Religion und Privateigentum richteten, die beiden fundamentalen Werte der rumänischen Bauernschaft.[144] Außerdem war die Mehrheit der Bevölkerung konservativ und deshalb den alten, bewährten Parteien treu, die trotz der schlechten Politik doch eine Garantie für eine gewisse Kontinuität darstellten.[145]

Die Mitglieder oder Sympathisanten der RKP waren sowohl Rumänen, als auch Juden und Repräsentanten der in Rumänien lebenden Minderheiten (Deutsche, Ungarn, Bulgaren, u.a.). Manche der Mitglieder waren gar rumänische Aristokraten, Bürgerliche, Intellektuelle, reiche Freiberufler, die sich als „revolutionäre Generation" verstanden, antibürgerliches, antidemokratisches Gedankengut pflegten und eine utopische Politik

---

[143] Tismăneanu, Stalinism, S. 96.
[144] Hitchins, An Outline History, S. 69.
[145] King, History, S. 20-24.

vertraten.[146] Die Behauptung, dass die Kommunisten ausschließlich den Reihen der ethnischen Minderheiten entstammten ist falsch. Wahr ist aber, dass die sowjetische KP in der Führung der rumänischen KP vorrangig Personen aus Randzonen des Landes auswählte. Es ging um die Kontrolle dieser Leute, die meist aus unteren sozialen Schichten kamen, als nichtrepräsentative Führer agierten, isoliert waren und wenig unternehmen konnten. Dadurch wurde die Abhängigkeit von Moskau nur verstärkt. Der Parteiapparat bestand demzufolge größtenteils aus Angehörigen der ethnischen Minderheiten aus Siebenbürgen oder Bessarabien mit jüdischem Hintergrund. Sie waren mit dem damals existierenden Status Quo unzufrieden, verabscheuten bürgerliche Werte, hatten unter Diskriminierung zu leiden und waren durch den Aufstieg des Nationalsozialismus verängstigt. Sie träumten von einer weltweiten kommunistischen Revolution um Teil einer universellen Bewegung zu werden, die keine Rassen, Nationen oder Religionen kannte.

Einer der prominentesten Kommunisten der 30er Jahre, Belu Zilber, schrieb in seinen Memoiren über die RKP:

„Die wenigen, die zu uns kamen, waren von den unterschiedlichsten Motiven getrieben, von der einfachen Neugier über eine geheimnisvolle Organisation, welche von Partisanen glorifiziert und von Gegnern befeindet wurde, bis zu Intellektuellen, die davon überzeugt waren, dass es sich um eine Ansammlung edler Menschen handelte, welche für eine glückliche Zukunft kämpften (...). Ungarn und Bulgaren, die für die Abspaltung ihrer Heimatgebiete von Rumänien eintraten, Arbeiter, die sich als Herrscher über Fabriken sahen, Juden, die vom Antisemitismus verängstigt waren, Arbeitslose ohne richtige Qualifikationen, mittelmäßige Profis, Politiker, die in anderen Parteien keine Karriere erreicht hatten, hässliche Hausfrauen, Kinder, die keine Lust mehr auf Schule hatten: aus dieser Welt wurden die Parteiaktivisten rekrutiert. Jeder fühlte, dass ihm in der einen oder anderen Weise Unrecht widerfahren war, dass ihm die Träume gestohlen worden waren. Sie wurden vom Mysterium einer Welt angezogen, die in ihrem Bewusstsein lebte. Sie traten ein in ein neues Leben, nicht in eine neue Partei."[147]

Da die RKP verboten war, konnte sie nicht am öffentlichen politischen Leben teilnehmen. So delegierte sie ihre Angelegenheiten offiziell akzeptierter Frontorganisationen weiter. Der 1925 gegründete (kommunistische) Arbeiter-

---

[146] Tănase, Clientii, S. 141; Tismăneanu, Stalinism, S. 77.
[147] Zilber, Belu: Actor in procesul Pătrăşcanu. Prima versiune a memoriilor lui Belu Zilber. Bucureşti 1997, S. 25. [Akteur im Prozess gegen Pătrăşcanu. Die erste Fassung der Memoiren von Belu Zilber. Bukarest 1997.]

und Bauernblock (Blocul Muncitoresc-Țărănesc) schaffte es bei den Wahlen im Jahr 1931 2,5% der Stimmen zu erlangen. Dieses sollte der höchste Stand sein, der je von einer kommunistischen Organisation in der Zwischenkriegszeit erreicht wurde. Die KP arbeitete zeitweise auch mit Organisationen aus Siebenbürgen zusammen, jedoch erzielte sie auch da sehr schwache Ergebnisse. Frauenorganisationen wurden zwar auch gegründet, diese blieben aber meist auf lokaler Ebene und wurden unzureichend unterstützt.[148]

Die erste als erfolgreich quittierte Aktion der RKP fand im Februar 1933 statt. Es handelte sich dabei um den mythosumworbenen Streik der Eisenbahnarbeiter der „Grivița"-Werke in Bukarest. Entgegen den gängigen Erzählungen nach 1945, die den Streik zu einer Legende des kommunistischen Widerstandes im kapitalistischen Rumänien hochspielten als von der RKP geleiteter Massenaufstand, scheiterte die Aktion schon vor ihrem Beginn. Die kommunistischen „Anführer" wurden denunziert und einige Tage vorher verhaftet. Von den Arbeitern, die sich trotzdem zum Streik ansammelten, verhaftete die Polizei 1200 Personen verhaftet. Davon wurden 125 in einem Prozess zu Haftstrafen verurteilt.[149] Im September 1934 verbot das Innenministerium die meisten Organisationen, die mit der RKP in Verbindung standen, darunter die Jungen Kommunisten, die Rote Hilfe, der Revolutionäre Gewerkschafterkongress, der Zirkel für marxistische Studien, die Arbeitsliga, mehrere Gewerkschaften, die Arbeiterfront, den Arbeiter- und Bauernblock u.A.[150]

Im gleichen Jahr starteten die Kommunisten der Versuch, gegen die immer stärker werdende Rechtsextreme in Rumänien etwas zu unternehmen. Ein sogenanntes Nationales Antifaschistisches Komitee (Comitetul Național Antifascist) wurde mit dem Ziel gebildet – von der Komintern vorgegeben-, alle anderen demokratischen Elemente und die Kommunisten auf einer Seite der Barrikaden zu vereinen. Das Projekt war jedoch von Anfang an dem Scheitern verurteilt, da keine größere, homogene Bewegung zustande kommen konnte. Die RKP kam in der Zeitspanne 1934-1939 kurzzeitig aus seiner Isolation heraus, als der Aufstieg des Nationalsozialismus, die politischen und sozialen

---

[148] Hitchins, An Outline History, S. 72-73.
[149] Tănase, Clientii, S. 204-211.
[150] Ebenda, S. 244.

Spannungen in Europa, aber auch der Prozess von Georgi Dimitrov und die Geschehnisse des spanischen Bürgerkrieges tiefe Eindrücke hinterlassen hatten.[151] Alle diese Elemente hatten einen guten Hintergrund für die kommunistische Partei geschaffen und ihr so manche Handlungsmöglichkeiten eröffnet. Das sich verschärfende politische Klima in Rumänien hielt sie aber davon ab, diese Möglichkeiten nutzen zu können. 1939, als sich diese Zeitspanne dem Ende zuneigte, wurde die RKP wieder zu einer Sekte, von der Wirklichkeit abgekapselt, im Untergrund agierend, deren Mitglieder überall verstreut waren: die meisten in den rumänischen Gefängnissen, oder im Exil in Frankreich oder der UdSSR.[152]

4.3. Rechtsextremismus und Judenproblematik

Der Rechtsextremismus und die Judenfrage stellen zwei der wichtigsten Aspekte des gesellschaftlichen und politischen Lebens im Rumänien der 30er Jahre dar. Deswegen ist es unumgänglich, auch diese zu erläutern. Außerdem ist es auch im Sinne dieser Arbeit wichtig, zu verstehen, wie diese beiden Aspekte gehandhabt wurden, da sehr viele der rumänischen Freiwilligen, die im spanischen Bürgerkrieg in den Internationalen Brigaden kämpften, jüdischer Herkunft waren. Indem man diese brisanten gesellschaftlichen Probleme erörtert, kann man auf mindestens eine Ursache für ihre Motivation zurückschließen, Rumänien zu verlassen und in Spanien zu kämpfen.

Bei der „Rechten" handelte es sich um die Legion „Erzengel Michael", welche während ihrer politischen Karriere unter mehreren Namen bekannt war: Legion, Legion des „Erzengel Michael", Partei „Alles für das Land", Eiserne Garde, Gruppe „Codreanu" (genannt nach ihrem Anführer, Corneliu Zelea Codreanu). Das Hauptziel dieser Bewegung, welche sich selbst nicht als politisch, sondern national beschrieb, war ein integrales Rumänisch-Sein im biologischen Sinn. Dieses drückte sich, anfangs zumindest, weniger in

---

[151] Diese Zeitspanne wurde in der Geschichtsschreibung nach 1945 total überbewertet, da sich die RKP legitimieren musste, als historische Partei. 1978 erschien dazu in Bukarest ein Buch des Historikers Gh. I. Ionita mit dem Titel: „Die RKP und die Volksmassen, 1934-1939. Die KP als Initiatorin, Anführerin und Motor der demokratischen, antifaschistischen Bewegung in den Jahren 1934-1939."

[152] Tănase, Clientii, S. 296.

politischen Programmen, als eher in einer Art radikalem Aktivismus aus; von der Propaganda in Dörfern bis hin zu politischen Attentaten wurde nichts gescheut.[153] Die Legion hatte keine Doktrin im eigentlichen Sinn. Es war eher eine Bewegung mit ausgeprägtem Hang zum Spirituellen, welche das Ausbrechen aus der alten, korrupten, judaisierten und politisierten Welt und die Geburt einer neuen Welt durch mystischen Visionarismus vorantreiben wollte.[154] Sie definierte sich, vor allem im Gegensatz zur Kommunistischen Partei, als dem orthodoxen Glaube verschrieben. Der Kommunismus sei nur von einem vagen Pantheismus getrieben, wohingegen die neue Welt der Legionäre der Transzendenz hinzugehörte.[155]

1936 begann das offene Ringen um Anhänger zwischen der Legion und der Linken. Die Legion versuchte nun, die Spaltung der Linken (Sozialdemokraten, Kommunisten) und deren Machtlosigkeit im Kampf gegen die Regierung auszunutzen, um an die Arbeiterkreise heranzukommen. Ziel war das Verstärken ihrer Massenbasis und sollte durch das Eindringen in die Gewerkschaften geschehen. Dazu versuchten die Legionäre, kommunistische Organisationsprinzipien nachzuahmen und gleichzeitig scharf gegen die jüdische Arbeiterschaft und den Kommunismus vorzugehen – nur innerhalb der ethnischen Gemeinschaft könne sich die Stellung der rumänischen Arbeiterschaft bessern.[156] Der extreme Chauvinismus der Mitglieder der Legion, vor allem der jugendlichen Adepten, zeigte sich am heftigsten bei einem Studentenkongress im April 1936, als es öffentlich zu Gewaltanwendung, Überschreitungen und extremen judenfeindlichen Parolen kam. Nach dem Kongress wurde von der Legion alles bestritten, mit dem Vermerk, dass es sich nur um Erfindungen jüdischer Feinde gehandelt hatte.[157]

1930 lebten in Rumänien 71,9% Rumänen. Die Juden hatte einen Anteil von 4% an der Gesamtbevölkerung, in der Bukowina aber machten sie beispielsweise 30%, in Bessarabien 27% und in der Moldau 23% der

---

[153] Ornea, Zigu: Anii treizeci. Extrema dreaptă românească. [Die dreißiger Jahre. Die rumänische Rechtsextreme.] Bukarest 1995, S. 350.
[154] Ebenda, S. 363-365.
[155] Ebenda, S. 354.
[156] Heinen, Die Legion, S. 292.
[157] Ornea, Anii treizeci, S. 304-305.

Gesamtbevölkerung aus.[158] Nach dem ersten Weltkrieg hatte sich Rumänien, durch den Vertrag von Bukarest-Buftea vom 7. August 1918 mit den Mittelmächten, verpflichtet, alle Konfessionen gleichzustellen. Die Folge war die Verabschiedung eines unübersichtlichen Gesetzes, welches auch die Einbürgerung der Bevölkerung der neuen Provinzen zum Thema hatte. 1919 wurde durch die Pariser Verträge festgelegt, dass die rumänische Regierung den Juden und den anderen Nationalitäten aus ganz Rumänien Minderheitenrechte sowie das Recht auf Einbürgerung gewähren musste.[159]

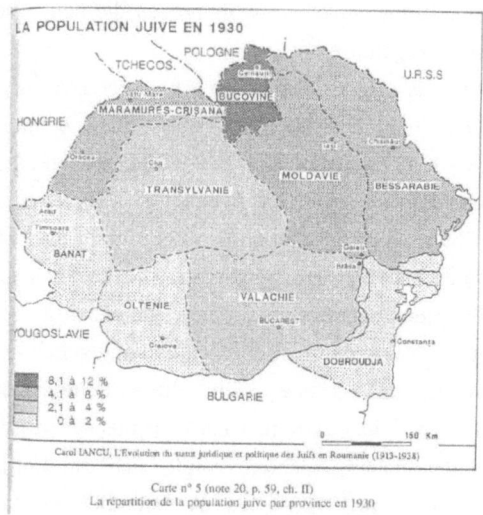

Abbildung 4: Die jüdische Bevölkerung in Rumänien 1930.[160]

Dieses wurde durch das im Grundgesetz festgelegte Einbürgerungsrecht in Angriff genommen. Diejenigen Juden, die vor dem 2. August 1914 innerhalb Rumäniens gelebt hatten, wurden durch das Grundgesetz von 1923 ohne weitere Formalitäten als rumänische Staatsangehörige anerkannt. Den anderen, die durch die Angliederung 1918 zu Rumänien gehörten, wurde das gleiche juridische Statut wie den anderen in diesen Provinzen lebenden Bürgern garantiert. Binnen 3 Monaten waren sie aber verpflichtet, falls sie die

---

[158] Hitchins, Romania, S. 377.
[159] Iancu, Carol: Les juifs en Roumanie (1919-1938): de l'émancipation à la marginalisation. Paris 1996, S. 17-18.
[160] Aus: Iancu, Les juifs, S. 371.

rumänische Staatsangehörigkeit wünschten, diese zu beantragen. Da jedoch die Beschlüsse des Grundgesetzes relativ vage blieben, wurde 1924 ein Nachfolgegesetz erlassen. Durch das neue Gesetz entstanden mehr Verwirrungen, da nun die Juden beweisen mussten, dass sie schon vor 1918 in den Provinzen rechtmäßig ansässig gewesen waren. Durch den Krieg waren aber vor allem in diesen Provinzen viele Register verloren gegangen. Deswegen wurde der Beweisversuch ein schwieriges Unterfangen, welches manche Juden in die Staatenlosigkeit warf.[161] Von unterschiedlichen Regierungen wurde mehrmals der Versuch unternommen, eine Revision des Staatsangehörigkeitsgesetzes zu vollziehen, was im Januar 1938 eintrat. Die Begründung dafür war die Befürchtung, dass seit 1914 viele Juden aus der Ukraine nach Rumänien geflüchtet wären und hier illegal die Einbürgerung erlangt hätten. Das Ergebnis davon war, dass 36,3% der untersuchten Fälle der damaligen jüdischen Bevölkerung in Rumänien die Staatsangehörigkeit zurückgezogen wurde. Dieses entsprach einer Anzahl von 225.222 Personen. 1940 wurde schließlich auch die rassische Diskriminierung zwischen Rumänen und Juden per Gesetz festgelegt.[162]

Einschränkungen gab es auch durch den *numerus clausus* und den *numerus nullus*, die an manchen Universitäten für Studenten jüdischer Herkunft eingeführt wurden. In den 20er Jahren hatte es wegen der wachsenden Zahl jüdischer Studenten in bestimmten Zweigen (vor allem Jura und Medizin) heftige studentische Proteste an Universitäten gegeben. Dieser Anstieg der Studenten war wiederum darauf zurückzuführen, dass die freien Berufe die einzigen waren, in denen Juden noch ohne Einschränkungen arbeiten konnten. Sie durften keine Immobilien in ländlichen Gegenden ankaufen; sie konnten keine staatlichen Ämter bekleiden und nur wenige hatten die Erlaubnis, und das auch nur, falls sie die rumänische Staatsangehörigkeit hatten, Oberstufenlehrer oder Universitätsprofessoren zu werden. So hatten sie keine andere Wahl, als sich auf den Handel, das Handwerk und die freien Berufe zu konzentrieren. 1934-1935[163] wurde das Gesetz über die präferenzielle Einstellung von

---

[161] Ebenda, S. 115-116.
[162] Ornea, Anii treizeci, S. 392.
[163] Leider wurde in der Literatur keine genaue Angabe über dieses Gesetz gefunden; auch ist es schwer, über alte rumänische Gesetze etwas zu erfahren, da diese in keine gängigen Legislativ-Programme aufgeführt sind.

rumänischem Personal (nur Staatsbürger) in Unternehmen jeglicher Art verabschiedet. Für die Ausländer war eine 20%-Quote vorgesehen; jedoch sollten auch diese am Besten mit Rumänen eine Familie gegründet haben.[164] Schon ab Ende der 20er Jahre war ein *numerus clausus* in den Anwaltskammern eingeführt worden. Durch diese Maßnahmen wurde auch für qualifizierte Juden eine Anstellung im öffentlichen Dienst unmöglich. Es folgten ab 1937 weitere diskriminierende Gesetze oder Verordnungen, die sich auf die universitären und finanziellen Bereichen und Berufsbranchen bezogen. Auch die bildende Kunst war von diesen Maßnahmen betroffen.[165] Der Bereich der Presse hatte ebenfalls unter den Einschränkungen zu leiden. 1925 gab es 25 jüdische Zeitschriften. Davon waren 6 in rumänischer Sprache verfasst, 9 in Deutsch, 8 in Jiddisch und 2 in Ungarisch. Daneben gab es eine jüdische Tageszeitung, in Jiddisch veröffentlicht. Ende des Jahres 1937 verblieben wegen eines Verbots nur wenige Zeitschriften, in rumänischer Sprache und der Beruf des Journalisten wurde Personen jüdischer Abstammung verweigert.[166]

Eigentlich erstaunt die Heftigkeit, mit der gegen die jüdische Bevölkerung vorgegangen wurde, vor allem angesichts der Tatsache, dass die kulturelle Szene im Rumänien der Zwischenkriegszeit (beispielsweise in Literatur oder Malerei) von jüdischen Rumänen vorangetrieben wurde, aber in weiten Teilen des Landes bestand die Meinung, dass die Rumänen wegen der Juden aus der mittleren Schicht der Bevölkerung hinausgedrängt wurden.[167]

4.4. Die diplomatischen Beziehungen zwischen Rumänien und Spanien, 1936 – 1939

Die internationale Dimension des spanischen Bürgerkriegs wurde auch in Rumänien wahrgenommen. Die offizielle Haltung der Regierung gegenüber dem Konflikt war Neutralität im Sinne des Abkommens gegen eine Intervention. Die Folge dessen war, dass fast alle diejenigen, die Rumänien verlassen wollten, um nach Spanien zu gehen, es auf illegalem Weg tun mussten. Die Erläuterung dieser Haltung, sowie der Beziehungen zwischen Rumänien und Spanien dient

---

[164] Iancu, Les juifs, S. 282-283.
[165] Ebenda, S. 295-300.
[166] Ebenda, S. 304.
[167] Ornea, S. 395.

also zum Verständnis der offiziellen Bedingungen und Einschränkungen, mit denen sich die Freiwilligen aus Rumänien befassen mussten.

Die Zweite Spanische Republik wurde am 24. April 1931 von der rumänischen Regierung anerkannt.[168] Die diplomatischen Beziehungen beliefen sich vor allem auf wirtschaftlichen und kulturellen Austausch; unter Anderem exportierte Rumänien Holz, Getreide und Erdöl nach Spanien. Trotz der freundschaftlichen Beziehungen zwischen den beiden Staaten hatten aber vor allem die wirtschaftlichen Abkommen unter der politischen Instabilität in Spanien zu leiden.[169]

Ab Mitte Juli 1936, vor allem nach der Ermordung des rechten spanischen Politikers José Calvo Sotelo und dem Beginn des Bürgerkriegs fanden in Bukarest lange Debatten zwischen den Politikern um die Frage statt, welche Haltung Rumänien einnehmen sollte. Im August schien man für die von der französischen und englischen Regierung vorgeschlagene Lösung der Nichteinmischung zu sein; allerdings nur unter bestimmten Bedingungen. Am 18. August wurde in einer diplomatischen Note an die französische Botschaft in Bukarest zwar die Nichtintervention bestätigt, aber angemerkt, dass

„cette adhésion du gouvernment roumain à la Déclaration de non-immixtion dans les affaires d'Espagne est donnée pour des circonstances exceptionnelles, qu'elle constitue un cas particulier qui ne peut créer un précédent et qu'elle n'implique pas pour le gouvernement roumain l'obligation de reconnaître le principe qu'un gouvernement légal ne puisse obtenir, à sa demande, une aide d'autre gouvernement contre une rébellion."[170]

Die rumänische Botschaft in Spanien hatte auch in den Kriegsmonaten im Winter 1936 ihren Sitz in Madrid. Seit dem 1. Oktober 1935 war Ioan (Jean) Th. Florescu rumänischer Botschafter. Im Bericht Nr. 123 vom 21. Februar 1936 an das rumänische Außenministerium schilderte er den Ausgang der Wahlen vom 16. Februar 1936, bei denen die Volksfront gewonnen hatte. Dabei tat er offensichtlich auch seine eigene Meinung zu diesem Thema kund, indem er

---

[168] Campus, Eliza: Les relations entre la Roumanie et l'Espagne (1928-1939), in : Revue Roumanie d'Histoire 25(3) / 1986, S. 130.
[169] Ebenda, S. 132.
[170] Ebenda, S. 133-134. Aus: Archiv des Rumänischen Außenministeriums (AMAE), Deklaration der rumänischen Regierung, Note vom 18. August 1936, signiert Michel Arion. Ohne Angabe des Fonds.

beteuerte, dass das zivilisierte und intellektuelle Spanien, welches über ein mehr oder minder entwickeltes bürgerliches Bewusstsein verfüge, einen großen Schlag und Verlust bei der Wahl hinnehmen musste.[171] Die Berichte des Frühlings 1936 waren von der gleichen Stimmung durchdrungen. Der Botschafter wies auf die außerordentlich großen politischen Leidenschaften hin, von denen die politische Bühne in Madrid und Barcelona beherrscht wurde.[172]

Botschafter Florescu befand sich zu der Zeit, als der Bürgerkrieg in Spanien ausbrach, im Urlaub in Karlsbad. Er kehrte nie in seine Botschaft in Madrid, sondern nach Bukarest zurück. Das restliche Personal blieb in der Madrider Botschaft, während sich der amtierende Botschafter nicht um die Sicherheit seines Personals, sondern um die fristgerechte Auszahlung seines Lohnes kümmerte.[173] Im September 1936 reiste Florescu nach Paris. Einen Monat später nahm er seinen Sitz, in der französischen Ortschaft Saint Jean de Luz in der Nähe der spanisch-französischen Grenze an, von wo aus er wieder Berichte nach Bukarest schickte. In einem Bericht vom November 1936 wies der Botschafter auf die „herausragende materielle Hilfe der Sowjetunion an die spanische Republik, die Zig Schiffe mit Waffen, Munition und Hilfsgütern" geschickt hätte. Die Einmischung und Hilfe Hitlers und Mussolinis für Franco wurde mit keinem Wort erwähnt.[174] Infolge seiner schlechten diplomatischen Tätigkeit wurde Florescu zum 1. März 1937 nach Rumänien wiederbeordert und verlor seinen Botschafterposten, wegen der Intervention des spanischen (republikanischen) Repräsentanten in Bukarest, Manuel López-Rey, der den Rückzug des Botschafters aufgrund offener republikfeindlicher Äußerungen verlangt hatte.[175]

---

[171] Ştefănescu, Marian: Din istoria relaţiilor diplomatice româno-spaniole. Jean Th. Florescu şi misiunea sa la Madrid. [Aus der Geschichte der spanisch-rumänischen diplomatischen Beziehungen. Jean Th. Florescu und seine Mission in Madrid.] Aus: eBooks der Universität Bukarest, Rumänien, zum Thema „Istorie si Ideologie" [„Geschichte und Ideologie"], koordiniert von Manuela Dobre. Bukarest 2003. http://www.unibuc.ro /eBooks/istorie/ideologie/18.htm [10.01.2006]. Ohne Seitenangabe.

[172] Ebenda, Bericht Nr. 185 (23. März 1936). Aus: Ebenda, f. 11-13.

[173] Ebenda. Aus: AMAE, Fond 71 / România, Mai–August 1936, Vol. 95,f. 553, Telegramm Nr. 481 vom 19 August 1936. In der Bukarester Zeitung „Epoca" („Die Epoche") war außerdem am 23. Juli 1936 ein ironischer Artikel über den Botschafter Florescu erschienen, der offenbar im Ministerium erfragt hatte, auf welcher Seite (im spanischen Bürgerkrieg) er sich stellen sollte. "Epoca", Nr. 2239, Donnerstag 23. Juli 1936, Seite 4.

[174] Ebenda. Aus: AMAE, F. 71/ 1920-1944, Dosare Speciale, 1936-1937, f. 68-69.

[175] Ebenda. Aus: AMAE, F. 71 / Spania, 1920-1944, Vol. 28, f. 191.

1938 hatte die rumänische Regierung die Regierung Francos nicht anerkannt, aber Beziehungen zu dieser und einem Vertreter Francos in Bukarest aufgenommen. Dafür konnten die Rumänen einen Vertreter nach Burgos, wo sich das Hauptquartier der Nationalisten befand, entsenden.[176] Diese Beziehungen galten eigentlich der Falange, die auch wirtschaftliche Interessen in Rumänien verfolgte. Wie fast alle anderen spanischen Botschaften war auch diejenige in Bukarest „zweigeteilt", zwischen Nationalisten und Verfechtern der Republik, wobei die erste Seite tendenziell mehr vertreten war. Die spanischen Nationalisten konnten sehr stark vom steigenden rechtsextremen Klima in Rumänien profitieren. Dieses wird auch darin ersichtlich, dass bis Anfang 1938 von 36 rumänischen Periodika nur 7 davon einige republikfreundliche Artikel veröffentlicht hatten.[177] Die Personen aus der spanischen Botschaft in Bukarest, die sich auf nationalistischer Seite befanden, verfügten über wichtige Kontakte zur rumänischen Oberschicht und deren Industriellen.[178] Diese Verbindungen könnten zur Anerkennung der Regierung Francos beigetragen haben. Die Anerkennung *de jure* durch die rumänische Botschaft in Madrid wurde am 23. Februar 1939 ausgesprochen, aber erst Ende März 1939 öffentlich gemacht.[179] Ab dem 14. April 1939 hatte die Botschaft in Madrid auch einen neuen Repräsentanten, den rumänischen Politiker Frederic C. Nanu.

Der Spanische Bürgerkrieg erweckte in Rumänien große Leidenschaften, was einerseits auf die „romantische Komponente" dieses Krieges, andererseits auf die gemeinsamen lateinischen Wurzeln der beiden Völker (die so oft von den Rumänen erinnert werden) zurückzuführen ist. Allerdings war die Sympathie für Franco relativ groß – vermutlich auch wegen der Nachbarschaft zur Sowjetunion und dem angespannten Verhältnis zu dieser tendierte man, diejenigen zu unterstützen, die gegen die Sowjetunion, auch wenn indirekt, kämpften.[180] Das könnte die Erklärung dafür sein, dass man sich bis heute in Rumänien eher an die wenigen rumänischen Legionäre erinnert, die einige Zeit

---

[176] Ebenda, S. 144. Über diesen Vertreter konnte aber aus der Literatur nichts Näheres erfahren werden.
[177] Veiga, Francisco : La guerra de las embajadas. La falange exterior española en Rumania y Oriente Medio, 1936-1944, in: Revue Roumanie d`Histoire 29 (3-4) / 1990, S. 324.
[178] Ebenda, S. 330.
[179] Campus,Les relations, S. 145.
[180] Veiga, La guerra, S. 325-326.

in der Armee von General Franco gekämpft hatten, als an die mehreren Hundert kommunistischen Freiwilligen.

5. Die rumänischen Spanienkämpfer

5.1. Freiwillige auf der Seite General Francos

Auch wenn diese Arbeit die Rumänen aus den Internationalen Brigaden als Thema hat, so muss trotzdem erwähnt werden, dass es auch einige Freiwillige gab, die für kurze Zeit an der Seite Francos gekämpft haben. Dabei handelte es sich um Mitglieder der Eisernen Garde. Im Herbst 1936 wurde von der Führung der Legion beschlossen, dass einige ihrer Mitglieder nach Spanien fahren sollten, um in Francos Armee gegen den Kommunismus zu kämpfen. Dieses waren Ion I. Moța, Gheorghe Clime, Vasile Marin, Alexandru Cantacuzino, Nicolae Totu, Bănică Dobre und der Pfarrer Dumitrescu-Borșa. Sie fuhren am 25. November 1936 ab. Moța und Marin fielen am 13. Dezember 1936 in der Schlacht von Majadahonda an der Madrider Front.[181] Die Nachricht wurde rasch in der Presse verbreitet. Die beiden Toten hatten einen hohen Bekanntheitsgrad: Ion Moța, mit Codreanu verwandt, war erst vor kurzer Zeit zum Vizepräsidenten der Legionärspartei „Alles für das Land" ernannt worden. Vasile Marin war der Leiter der Organisation der Legionäre in Bukarest. In den Pressedarstellungen wurden die beiden als Märtyrer beschrieben, die, im Namen der Religion und des Abendlandes, im Kampf gegen den satanischen Bolschewismus ihr Leben geopfert hatten. Auch über die Beisetzungsfeierlichkeiten und den anschließenden Triumphzug wurde ausführlich berichtet.[182]

Im Namen der Legion und der Regierung wurden Gedenkgottesdienste im ganzen Land organisiert. Ein speziell von den Rumänischen Eisenbahnen bereitgestellter Zugwagen brachte die leblosen Körper aus Spanien und machte eine tagelange propagandistische Tour durch ganz Rumänien. In jedem größeren Bahnhof wurden offizielle Gottesdienste abgehalten. Am 11. Februar 1937 kam der Zug schließlich in Bukarest an, wo die beiden Toten wie Nationalhelden gefeiert wurden. Der deutsche Gesandte in Rumänien berichtete darüber dem Auswärtigen Amt:

---

[181] Ornea, Anii treizeci, S. 308-309.
[182] Heinen, Die Legion, S. 309.

„In Czernowitz wurde der Trauerzug feierlich empfangen, und es fand trotz des Widerspruchs des Präfekten die Aufbewahrung in der Kathedrale statt [...]. Mit Genehmigung der Regierung wurde der Trauerzug auf der Bahn durch das ganze Land gefahren. In Klausenburg kamen Rektor und Senat der Universität, der frühere Ministerpräsident Vaida und eine riesige Menschenmenge zur Bahn, überall erschienen die Schulen in geschlossener Führung mit ihrem Lehrer, begleitet vielfach von den Bürgermeistern, um den in Spanien gefallenen Helden die letzte Ehre [...] zu erweisen. [...] So kam der Zug nach Bukarest [...]. Die Regierung hatte die Genehmigung erteilt, dass auf dem dazu abgesperrten Bahnhofsvorplatz ein feierlicher Empfang stattfand. [...] In der Kirche wurden die Leichen aufbewahrt. Am 13. Februar, um 11 Uhr, fand dort die kirchliche Trauerfeier statt, bei der zwei Erzbischöfe der Nationalen Orthodoxen Kirche amtierten, umgeben von zahlreichen Geistlichen im Ornat.“[183]

An der Beerdigung nahmen, nebst unzähligen Regierungsmitgliedern auch die Botschafter Spaniens, Deutschlands, Italiens, Portugals und Japans teil. Der Effekt dieser offensichtlich propagandistischen Handlungen der Legion zeigte sich darin, dass die Feierlichkeiten zu einer Art Auslöser für die Vergrößerung ihrer Anhängerschaft wurden.[184]

5.2. Die kommunistischen Freiwilligen

5.2.1. Propaganda und Organisation

Im Gegensatz zu den Legionären, waren die Kommunisten nicht so gut propagandistisch organisiert, schon allein wegen der Tatsache, dass ihre Partei nach wie vor verboten war und dementsprechend auch ihre Zeitungen und Zeitschriften. Trotzdem wurden, mit Mitteln von der Komintern, außer der illegalen Zeitung „Scânteia“ („Der Funke“), auch zahlreiche Broschüren und Studien in kleinerem Format und vermutlich geringer Auflage gedruckt.

Schon kurz nachdem der Bürgerkrieg in Spanien ausgebrochen war, wurde in einer Broschüre der RKP vom August 1936 zur Solidarität mit dem Kampf des spanischen Volkes aufgerufen: „Arbeiter, Bauer, Bürger! Die

---

[183] Ebenda, S. 309-310. Aus: Politisches Archiv des Auswärtigen Amtes, Bonn, Pol. Abteilung IV, Po 5, Rumänien, 13. März 1937, Innere Lage in Rumänien und Diplomatischer Zwischenfall anlässlich der Beisetzung zweier in Spanien gefallenen Rumänen, ohne Unterschrift (Fabricius).
[184] Ornea, Anii treizeci, S. 310-311.

Geschehnisse in Spanien bestätigen noch einmal, dass der internationale Faschismus [...] der Todesfeind aller Völker dieser Welt ist, die für ihre Freiheit und Unabhängigkeit kämpfen."[185] Um diesem Todesfeind entgegenzuwirken, sollten die Kommunisten und ihre Sympathisanten das Volk auf die Situation in Spanien aufmerksam machen: „Ruft zu Versammlungen und Straßendemonstrationen auf, gegen die Hilfe, die der spanischen Konterrevolution vom deutschen, italienischen und portugiesischen Faschismus gegeben wird. Sammelt Geld für die Spanienhilfe! Schreibt Sympathiekundgebungen und Telegramme der Solidarität an das spanische Volk!"[186]

In den Broschüren und Zeitungstexten wurde häufig das Beispiel des Bürgerkrieges in Spanien verwendet, um auf die unmittelbare faschistische Bedrohung in Europa und in Rumänien hinzuweisen, aber auch Anhänger zu gewinnen unter dem Banner des Antifaschismus: „[...] die Geschehnisse in Spanien können schwerwiegende Konsequenzen haben, wie das Entstehen eines Weltkrieges [...]. Deswegen sollen die Arbeiterschaft und alle Völker[187] Rumäniens zur Hilfe des spanischen Volkes eilen."[188] Es wurde auch wiederholt, dass der Kampf in Spanien gegen Francos Truppen dem Kampf in Rumänien gegen die Rechte gleichzustellen war – und wenn man an einer Stelle gewinnen konnte, so konnte man überall gewinnen. „Jede Niederlage des spanischen Volkes ist eine Bekräftigung des internationalen Faschismus, also auch des rumänischen. Jeder Sieg des spanischen Volkes verursacht aber dem internationalen Faschismus Verluste, schlägt also auch in unsere Faschisten."[189]

Außer den politischen Aufrufen in den Zeitungen und Broschüren versuchten die rumänischen Kommunisten, auch zur Tat zu schreiten. Sie gründeten Hilfskomitees in den größeren Städten des Landes: Bukarest, Ploieşti,

---

[185] Adorian, Voluntari, S. 51. Aus: Archiv des Instituts für Historische und Sozial-politische Studien des ZK der RKP (AIHSS); c. A XX-6, Inv. 931.

[186] Ebenda, S. 53. Gleiche Quelle.

[187] Es ist erstaunlich, dass in allen Dokumenten immer von den „Völkern" Rumäniens die Rede ist und nicht vom „Volk". Dieses könnte eine Andeutung darauf sein, dass trotz der Volksfrontpolitik immer noch am Selbstbestimmungsrecht der einzelnen Minderheiten festgehalten wurde.

[188] Adorian, Voluntari, S. 516. Aus: „Scânteia" („Der Funke", illegale Zeitung der RKP), Nr. 12/13 vom 1.9.1936

[189] Ebenda, S. 522. Aus: „Scânteia" Nr. 16/17 vom 1.10.1936.

Iași, Bacău, Timișoara, Arad und Târgu-Mureș.[190] Diese hatten es als Aufgabe, für Spanien Kollekte zu sammeln– Kleidung, Nahrungsmittel und Geld. Insgesamt 22 Leute waren mit der Organisation betreut. Meistens wurden die Kollekten auf Feiern oder Versammlungen der Arbeiter oder der Gewerkschaften, in Kantinen oder in Fabriken gemacht. Ein gängiges Mittel zum Geldsammeln war auch der Verkauf von Postkarten, auf denen wichtige Persönlichkeiten der Linken oder der spanischen Republik abgebildet waren. Trotz aller Maßnahmen wurden sie vom Sicherheitsdienst beschattet, was folgender Bericht des Innenministeriums, Direktion Nationale Sicherheit, Informationsdienst, an den Gouverneur der Rumänischen Nationalbank vom 22. Dezember 1936, beweist:

„Das Komitee für Spanienhilfe, bestehend aus Kommunisten, Sozialisten und Unitaristen, hat bisher die Summe von 18.000 Lei gesammelt aus Spenden, Arbeiterfesten [...], Sammlungen bei den Treffen der Sozialisten und dem Verkauf von Postkarten, die die spanischen Kommunisten Llargo Caballero und Joanin [Joaquin] Maurin darstellen. [...] Gemäß dem Wunsch unseres Innenministers, dass dieses Geld nicht das Land verlässt, bitten wir Sie, entsprechende Maßnahmen zu ergreifen."[191]

Wie schon im 4. Kapitel erwähnt, war die offizielle Haltung der rumänischen Regierung die Neutralität gegenüber dem Konflikt in Spanien. Im Rahmen des Engagements im Nichteinmischungs-Abkommen versuchten die Geheimdienste in Zusammenarbeit mit der Polizei alle Hilfsaktionen für die Republik zu vereiteln. Was dennoch erstaunt ist ein Vermerk in den Archivdokumenten, demnach an die spanische Republik Erdöl verkauft wurde. In einem Bericht der Direktion für Nationale Sicherheit, III. Abteilung, vom 11. März 1937, heißt es:

„Am 22. Januar dieses Jahres kam das spanische Schiff „Compero" der Regierung in Valencia [der republikanischen Regierung] im Hafen Constanța an. Es fuhr weg am 8. Februar, mit einer Ladung von 8000 Tonnen Benzin [...]. Am 9. März kam das Schiff wieder in Constanța an, aus Barcelona kommend, um einen neuen Transport von 8000 Tonnen zu machen, nach Barcelona, über Marseille. [...] Die Quästur der Polizei [...] wurde darüber informiert, damit sie den Tanker sowie die Crew und die

---

[190] Babici, Ion: La solidarité militante antifasciste en Roumanie 1933-1939. Bukarest 1976, S. 69.
[191] Adorian, Voluntari, S. 528. Aus: AIHSS, F. XI, D. 853.

76

Leute, mit denen diese in Kontakt kommen, beobachten können. Die Angelegenheit wird verfolgt."[192]

Im Sinn dieses Vermerks und der Beobachtung der Angelegenheit, könnte es sein, dass der Verkauf durch pro-kommunistische Personen organisiert wurde. Weitere Indizien dazu waren leider nicht zu finden.

Im Sommer 1938 war das Komitee für Spanienhilfe laut einem Bericht der Sicherheitspolizei vom 30. Juni 1938 immer noch in Bukarest aktiv. Man wusste sogar ganz genau, wer in diesem Komitee tätig war, welche Personen mit welchen Aufgaben betreut waren und wer für die Finanzangelegenheiten und den Kontakt mit den Behörden zuständig war.[193]

Das Komitee in Bukarest unterstand dem Komitee für Spanienhilfe aus Paris. Deswegen hatte die RKP Kontaktpersonen nach Paris entsandt. Während der Jahre 1936-1938 war diese Person Alexandru Buican-Arnoldi; ein Kommunist, der während des 2. Weltkrieges in der französischen Résistance aktiv sein sollte.[194] Eine große Hilfe für die Organisation und die Kontakte der RKP in Frankreich war die relativ große rumänische Gemeinschaft in Frankreich (v.a. in der Gegend in und um Paris). Diese bestand aus politisch Verfolgten (Kommunisten oder Sozialisten), die sich nun im Exil befanden, Arbeitssuchenden und Studenten. Die Gemeinschaft brachte eine eigene Zeitung heraus („Gazeta românească", die rumänische Gazette) und spielte eine große Rolle bei der Orientierung und Weiterleitung der rumänischen Freiwilligen über Frankreich auf dem Weg nach Spanien. Aus dieser Gemeinschaft selbst hatten sich viele als Freiwillige schon von Anbeginn des Bürgerkriegs gemeldet.[195]

---

[192] Ebenda, S. 533-534. Aus: AIHSS, F. XI, D. 16, F. 70.

[193] Ebenda, S. 558. Aus: AHISS, F. 101, D. 7726, F. 163. Die offizielle Kontaktperson war Lucreţiu Pătrăşcanu, einer der „Vorzeigekommunisten", da er aus einer reichen, intellektuellen Familie stammte, was ihm nach 1945 zum Verhängnis wurde. In einem Schauprozess wurde er 1954 zum Tode verurteilt und nachts in seiner Zelle von hinten in den Kopf geschossen.

[194] Alexandru Buican-Arnoldi war jüdischer Herkunft und stammte aus der Bukowina. 1921 war er einer der Gründungsmitglieder der RKP gewesen. 1936 bis 1938 war er der Repräsentant der RKP in Paris; später ging er in die Résistance. Dabei wurde er verhaftet und nach Auschwitz deportiert. Er überlebte und kehrte 1945 nach Rumänien zurück. 1952 verschwand er aus dem öffentlichen Leben. Siehe dazu: Courtois, Stéphane/ Peschanski, Denis/ Rayski, Adam: L`Affiche Rouge. Immigranten und Juden in der französischen Résistance. Berlin 1994, S. 137.

[195] Roman, Cavalerii, S. 80.

In der (illegalen) Zeitung der Partei waren schon seit Juli/ August 1936 Aufrufe an die Leser erschienen, Mitglieder in den Internationalen Brigaden zu werden.[196] Diese Aufrufe sollten neben den Bitten um Kollekten in jeder Ausgabe der Zeitungen und Broschüren der RKP erscheinen. So auch im Januar 1938: „Verstärkt die Reihen der Internationalen Brigaden! Rekrutiert Freiwillige, schreibt euch als Freiwillige ein, die ein gemeinsames Ideal haben: die Freiheit! Sichert die Existenz der Familien der sich an der spanischen Front befindenden rumänischen Freiwilligen!"[197]

Die Rekrutierung fand, auf der Basis existierender Netzwerke, vor allem in Fabriken in Bukarest statt. Freiwillige wurden aber auch in anderen Städten angeworben, so beispielsweise in Cluj, Iaşi, Tg. Mureş, Baia Mare oder auch in entlegeneren Gegenden (hier wurden vor allem Angehörige der Minderheiten angeworben).[198] In Rumänien organisierten unter Anderem Leonte Răutu, Mihail Florescu und Gheorghe Rădulescu die Rekrutierung der Freiwilligen.[199] Insgesamt soll es sich beim Rekrutierungskomitee „Pro-Spanien" um 17 Personen gehandelt haben. Die meisten davon waren hochrangige Kommunisten; dabei waren aber auch linksgerichtete Studenten, Anwälte und Journalisten.[200]

Die Kriterien bei der Auswahl der Freiwilligen waren folgende: es sollten „demokratisch Gesinnte" sein, also Kommunisten oder zumindest Sympathisanten. Falls es dabei um Mitglieder der Partei ging, so sollten diese nicht unbedingt für die Parteiarbeit in Rumänien benötigt werden. Kader waren für die Untergrundarbeit unentbehrlich. Ferner sollten sie über eine einigermaßen gute militärische oder andere, spezifische (z.B. medizinische) Vorbereitung verfügen. Außerdem sollten sie in „progressiven Kreisen", also dem Netzwerk, bekannt sein, damit keine Agenten der Bourgeoisie oder der Sicherheit sich einschleusen konnten.[201]

---

[196] Ebenda, S. 72.
[197] Adorian, Voluntari, S. 553. Aus. „Scânteia", Nr. 1 (91) vom 6. Januar 1938.
[198] Roman, Cavalerii, S. 75.
[199] Tismăneanu, Stalinism, S. 283.
[200] ANR, Mikrofilm 1-106-101-82-423.
[201] Roman, Cavalerii, S. 73. Trotz dieser Sicherheitsmaßnahmen schaffte es offenbar eine Person, sich als Kommunist auszugeben. In Spanien wurde diese Person entlarvt und – vermutlich- hingerichtet, oder zumindest aus der Gruppe ausgeschlossen. Es gibt keinen sicheren Hinweis für das, was nach der „Entlarvung" geschehen ist. Ebenda, S. 121.

5.2.2. Arbeiter, Bauer, Bürger – Wer waren die Freiwilligen?

Wie schon im Kapitel 3.4 gezeigt, herrschte vor allem im Arbeitermilieu eine erhöhte Mobilitätsbereitschaft, die sich als Reaktion auf die Weltwirtschaftkrise, aber auch auf die politischen Geschehnisse in Europa entwickelt hatte. Diese Feststellung gilt auch für die rumänische Arbeiterschaft und wird dadurch belegt, dass die Arbeitsemigration Richtung Frankreich beispielsweise sehr hoch war. Schon 1936 lebten in Frankreich offiziell über 9000 Rumänen, davon allein 7600 im Großraum Paris.[202] Die inoffizielle Zahl muss viel höher gelegen haben, denn viele der rumänischen Arbeiter besaßen keine gültige Aufenthaltsgenehmigung und auch kein Arbeitsrecht.

In Rumänien waren generell die Arbeitsbedingungen relativ schlecht; außerdem war der größte Teil der Bevölkerung in der Landwirtschaft beschäftigt und die Industrie spielte eher eine Randrolle. Demnach gab es auch politisch kein Interesse, die Bedingungen für die Arbeiter zu verbessern. Dass infolgedessen die Arbeiterschaft immer radikaler wurde, darf nicht verwundern.

Schon 1933 hatte man durch einen Streik in den Werken der Rumänischen Eisenbahn versucht, Zeichen zu setzen. Dabei wurden jedoch viele Arbeiter und ihre Anführer verhaftet. Constantin Doncea beispielsweise, einer der Vorzeigekommunisten der 30er Jahre, war Arbeiter und Gewerkschaftsführer in diesen Werken. Er war einer der Mitorganisatoren des Streiks. Vor dem Streik wurde er verhaftet und zu einer langjährigen Haftstrafe verurteilt. 1934 wurde er zusammen mit den anderen kommunistischen Anführern, die den Streik organisiert hatten, erneut vors Gericht geführt, da sie alle Berufung beantragt hatten. In der Zwischenzeit konnte er durch die Hilfe der Partei aus der Haft fliehen.[203] Da ein Leben in Rumänien für ihn nun zu riskant war, ging er nach Moskau, wo er in der Kaderschule der Komintern aufgenommen wurde. 1937 fuhr er von Moskau nach Spanien. Viele der engagierten Kommunisten im Rumänien der Zwischenkriegszeit waren in einer ähnlichen Lage. Dieses wird auch von den Biographien der ehemaligen Spanienkämpfer bestätigt.

---

[202] Courtois/Peschanski/Rayski, L´Affiche Rouge, S. 44.
[203] Tǎnase, Clientii, S. 138 und 211.

Zu den Biographien muss jedoch zuerst noch etwas Formales gesagt werden: Es gibt keine veröffentlichten Lebensläufe rumänischer Teilnehmer am spanischen Bürgerkrieg. In einem 2004 vom Rumänischen Komitee zum Studium der Geheimdienstarchive (Consiliul Național pentru Studierea Arhivelor Securității, CNSAS) herausgegebenen biographischen Lexikon der Mitglieder des ZK der RKP[204] werden zwar auch einige ehemalige Freiwillige aufgeführt; jedoch nur die, welche offizielle Funktionen nach 1945 innehatten. Die Informationen wurden deshalb hauptsächlich dem Memoiren- und Dokumentenband von Gheorghe Adorian, dem Memoirenbuch von Valter Roman und den Beständen im Rumänischen Nationalarchiv entnommen und zu einem Ganzen zusammengefügt. Über die Lebensläufe nach 1939 fanden sich Informationen sowohl in Werken über die Geschichte der Rumänischen Kommunistischen Partei, als auch in Werken über die französische Résistance. Um alles in einem sinnvollen Zusammenhang ausführen zu können, wurde nach dem in der Einleitung vorgestellten Leitfaden vorgegangen.

Der Aufruf für Freiwillige, die in den Internationalen Brigaden in Spanien gegen den Faschismus kämpfen sollten, fand vor allem in linken, kommunistischen Kreisen und innerhalb der Arbeiterschaft ein Echo. Die Wunschkandidaten sollten, wenn möglich, Industriearbeiter sein, militärische Vorkenntnisse haben, Kommunisten oder kommunistisch gesinnt und im Allgemeinen den harten Anforderungen eines Kriegs gewachsen sein. Da sie aus dem Arbeitermilieu rekrutiert wurden, kamen die meisten aus Bukarest und der Umgebung, sowie aus dem Nordosten des Landes. Hier befanden sich die Werke der Rumänischen Eisenbahnen, wo die stärksten kommunistischen Zellen waren. Nur wenige Freiwillige kamen aus Siebenbürgen und dem Banat. Dieses mag aber auch daran liegen, dass dort die Arbeitsbedingungen relativ gut waren – sowohl wegen der etwas besseren wirtschaftlichen Lage, als auch durch die verbesserte Infrastruktur, die von der Habsburg-Monarchie geerbt worden war. Nicht alle, die sich als Freiwillige meldeten, waren Mitglieder der Kommunistischen Partei. Einige waren nur Sympathisanten oder in Randorganisationen der RKP und dadurch im Inneren des linken Netzwerks

---

[204] Dobre, Florica (Hg.): Membrii CC ai PCR, 1945-1989. [Die Mitglieder des ZK der RKP, 1945-1989]. Bukarest 2004. Herausgegeben unter der Obhut des CNSAS.

tätig. Durch die Erfahrung des Bürgerkrieges und der Internationalen Brigaden als großes erfolgreiches Projekt fanden sie dann zum Kommunismus.

Im Großen und Ganzen handelte es sich also bei den rumänischen Interbrigadisten um Personen mit einem aktivistischen Hintergrund. Alle, über die Informationen vorliegen, waren in irgendeiner Weise in pro-kommunistischen Organisationen beschäftigt. Diejenigen, die nach 1945 eine große Rolle im Aufbau des Kommunismus in Rumänien spielen sollten, waren Mitglieder der Rumänischen Kommunistischen Partei oder deren Jugendorganisation schon seit Anfang der 30er Jahre. Mit der Wahl des Kommunismus wählten sie auch den Weg in den Untergrund und die meisten auch andere Namen. So zum Beispiel auch Valter Roman (richtiger Name: Ernst Neuländer), Petre Borilă (richtiger Name: Iordan Dragan Rusev), Gheorghe Stoica (Moscu Cohn), Alexandru Jar (Vorname unbekannt, Nachname Pashkela), Elisabeta Luca (Elisabeth Birman oder Birnbaum).

Der Weg in den Untergrund war nicht nur mit vielen Veränderungen und Unsicherheiten verbunden, sondern auch mit der Überwachung durch den rumänischen Geheimdienst, da Propaganda für den Kommunismus als Straftat geahndet wurde. Es hatte zur Folge, dass fast alle Spanienkämpfer schon Verurteilungen und Haftstrafen hinter sich hatten. Mihai Burcă, nach 1945 Mitglied des ZK der RKP, wurde nach seiner Verhaftung 1936 wegen kommunistischer Aktivitäten freigelassen.[205] Dieses nutzte er dazu aus, um abzutauchen und sich anschließend als Freiwilliger für die Internationalen Brigaden anzumelden. Er wurde – in Abwesenheit – zu sieben Jahren Gefängnis und 5 Jahren Verlust der bürgerlichen Ehrenrechte verurteilt. Ein anderer Freiwilliger, Carol Neumann, gab zum Beispiel zu, dass seine Vergangenheit als Straftäter infolge einer Verhaftung ausschlaggebend für die Meldung für Spanien war: „I volonteered to fight in the Spanish war. I had been arrested before the war because I had taken part in some demonstration with the Social Democratic party. That was in 1936."[206]

Viele der Juden, die im spanischen Bürgerkrieg kämpften, vor allem diejenigen polnischer und deutscher Herkunft, waren erst in den 30er Jahren

---

[205] Ebenda, S. 119.
[206] Interview von Robert Levy mit Carol Neumann. Nicht veröffentlicht, freundlicherweise erhalten von Robert Levy.

nach Frankreich gekommene politische Flüchtlinge.[207] Bei den rumänischen Juden gilt dieses jedoch nicht. Zwar waren viele der rumänischen Emigranten in Frankreich jüdischer Herkunft; die meisten kamen aber direkt aus Rumänien nach Spanien. Für alle gilt ein Hauptmerkmal: Sie waren Kommunisten oder Sozialisten und entstammten einer Generation, für welche eher die Werte ihres Heimatlandes als die traditionellen jüdischen Werte wichtig waren. Deshalb gingen sie auch nicht als Juden nach Spanien, sondern als Antifaschisten, Kommunisten oder Sozialisten.[208]

Es wird vermutet, dass die Personen jüdischer Herkunft über 25% aller Freiwilligen in den Internationalen Brigaden ausmachten.[209] Zwar liegen über bestimmte nationale Kontingente Zahlen vor; dadurch aber, dass viele Juden ihre Namen und ihren Wohnort verändert hatten, ist die tatsächliche Zahl schwierig herauszufinden. Die gleiche Situation liegt für die rumänischen Spanienkämpfer jüdischer Herkunft vor. Fast alle waren Mitglieder der Sozialdemokratischen oder Kommunistischen Partei[210], obwohl sie eigentlich religiösen und traditionsbewussten Familien entstammten. So erzählt Wilhelm Einhorn, ein ehemaliger Spanienkämpfer, dass er 1933 in die Rumänische Kommunistische Partei eingetreten war, weil "Hitler came to power in 1933, and I knew that it would be dangerous for the Jews. I started to become more and more communist at that time. There was also Romanian fascism, which was a big threat at the time."[211] Die jüdischen Kommunisten in Rumänien waren in doppelter Weise gefährdet und diskriminiert: erstens als Juden, weil sie durch ihre Zugehörigkeit zum Judentum von vielen Tätigkeitsfeldern ausgeschlossen wurden und zweitens als Kommunisten, weil sie dadurch gegen das Gesetz verstießen und vom Geheimdienst gesucht und beschattet wurden.

---

[207] Toch, Joseph: Juden im Spanischen Krieg 1936-1939, in: Zeitgeschichte I Nr. 7/1974, S. 158.
[208] Ebenda, S. 168.
[209] Ebenda, S. 157-158.
[210] Vor dem ersten Weltkrieg waren nur wenige Juden in der Rumänischen Sozialdemokratischen Partei eingeschrieben. Die meisten scheuten die Politik oder engagierten sich in zionistischen Bewegungen. Erst nach der Vergrößerung Rumäniens 1918 und mit dem wachsenden Antisemitismus begaben sich immer mehr rumänische Juden in die Reihen der Sozialdemokraten oder der Kommunisten. Levy, Ana Pauker, S. 4.
[211] Interview von Robert Levy mit Wilhelm Einhorn. Nicht veröffentlicht; freundlicherweise erhalten von Robert Levy.

Martin Sugarman vom AJEX Jewish Military Museum in London behauptet, dass alle Rumänen, die in Spanien in den Internationalen Brigaden kämpften, jüdischer Herkunft waren.[212] Diese Behauptung entspricht nicht den Tatsachen. Der tatsächliche jüdische Anteil am rumänischen Freiwilligenkorps mag zwischen 50% und 75% gelegen haben. Es ist schwierig, eine genaue Zahl zu nennen, eben wegen den häufigen Namenswechsel und weil sich die Freiwilligen meistens nicht als Juden identifizierten. Die Schätzung des Prozentsatzes beruht allein auf Aussagen ehemaliger Spanienkämpfer. So sagte Jean Coler[213] in einem Interview:

„It is certainly true that there were a lot of Jews. There were a lot of Jews from Romania. There were almost 80% Jews among the Romanians, maybe a little less."[214] Auch wenn sie jüdischer Herkunft waren, fühlten sie sich durchaus als Rumänen. Dieser Aspekt wird dadurch belegt, dass alle, die in den Internationalen Brigaden waren, auf ihren Wunsch hin in die rumänischen Gruppen eingegliedert wurden.[215] Dieses gilt auch für die wenigen rumänischen Ungarn und Deutsche in den Internationalen Brigaden. „[...] there were a lot of Jews who didn't say they were Jews. [...] They felt it wasn't important. They identified as Romanians."[216]

Was spezifische Kenntnisse angeht, die abverlangt wurden, so konnten viele der Freiwilligen nicht nur die technischen Kenntnisse vorweisen, die mit ihrer Arbeit zusammenhingen. Unter ihnen befanden sich Tischler, Fahrer, Mechaniker, Ingenieure, Ärzte und Krankenschwestern, aber auch Studenten. Sie alle verfügten über eine mehrjährige Erfahrung und Ausdauer eines doppelt geführten Lebens. Hinzu kam, dass fast alle, über die Informationen vorliegen, außer den Frauen und einigen wenigen Ausnahmen, den in Rumänien verpflichtenden 1 ½-jährigen Militärdienst absolviert hatten. Manche, wie die

---

[212] Sugarman, Martin: Jews in the Spanish Civil War. http://www.jewishvirtuallibrary. org/source/History/sugar12.html [05.03.2006]. Ohne Seitenangaben.
[213] Jean Coler war ein kommunistischer Jude aus Bessarabien. 1937 war es ihm gelungen, nach Palästina auszuwandern, von wo aus er nach Spanien ging. Nach 1945 arbeitete er in der Kaderkommission der RKP. Interview von Robert Levy mit Jean Coler. Nicht veröffentlicht; freundlicherweise erhalten von Robert Levy.
[214] Ebenda.
[215] Über die rumänischen Gruppen, die erst im Verlauf des Jahres 1937 entstanden, wird später in vorliegender Untersuchung die Rede sein.
[216] Interview von Robert Levy mit Jean Coler.

Geschwister Burcă, waren sogar mit der Technik der Maschinengewehre ganz gut vertraut.[217]

5.2.3. „Why did you go to Spain?" – „We all had to go."[218]

Viele der rumänischen Spanienkämpfer hinterließen alte Mütter, Geschwister, Frauen oder sogar Kinder. Weshalb verließen sie ihre Familien, um in einem fremden Land einen Krieg zu führen und dabei ihr Leben aufs Spiel zu setzen? Wie freiwillig war eigentlich die Freiwilligkeit? Dabei wird nicht davon ausgegangen, dass nur die Angst vor dem Gefängnis oder die schwierige Lage der Arbeitslosigkeit den Zwang auslösten, ihr Glück anderswo zu suchen. Hintergrund könnten auch Verordnungen der Komintern sein, dass jede kommunistische Partei eine gewisse Anzahl an Freiwilligen zu stellen hatte. Dadurch könnte sich erklären, wieso einige der Ehemaligen von Druck seitens der Partei sprechen. Hermina Tismăneanu erzählt, dass „It was both volunteering and there was also pressure - orders. I personally was never forced by anyone, but there were people who were. I actually wanted to go, as opposed to others who saw it as a duty."[219] Ein Druck, der durch Verordnungen „von Oben" entstanden sein soll, lässt sich aber nicht belegen, weder durch bisher veröffentlichte Dokumente aus dem Archiv des Komintern, noch durch Dokumente aus dem Rumänischen Nationalarchiv. Außerdem sagte Ilie Zaharia, der 1937 mit der Organisation der Rekrutierung betreut war, gegen diese Behauptung aus.

> „From 1937 to 1938, I was responsible in the party to send people to Spain. I spoke to every person who wanted to go to Spain. I understand that in the thirties the Soviets were attempting to de-intellectualize the various communist parties (for example, the Yugoslav CP), and sent a lot of intellectuals to Spain to get rid of them. […] There was no propaganda to send intellectuals to Spain in Romania. Only those who wanted to go there went. There were many reasons people went, not just

---

[217] Burcă, Mihai: Pe front, cu infanteriştii români. [An der Front, mit den rumänischen Infanteristen.], in : Adorian, Voluntari, S. 213.
[218] Interview von Robert Levy mit Wilhelm Einhorn.
[219] Interview von Robert Levy mit Hermina Tismăneanu. Nicht veröffentlicht; freundlicherweise erhalten von Robert Levy.

idealistic ones. There were personal reasons, too. Many personal reasons. Some wanted to leave their wives, and things like that."[220]

Es ist erwiesen, dass wirtschaftliche, politische und sozial-gesellschaftliche Gründe (hier am schwerwiegendsten das Strafregister) für die Eingliederung in die Internationalen Brigaden maßgeblich waren. In dieser Hinsicht unterscheiden sich die rumänischen Freiwilligen nur durch spezifisch regionale Merkmale von ihren Kollegen aus Ungarn, Bulgarien, der Tschechoslowakei oder Polen. Was aber uneingeschränkt für alle zutrifft: Es waren junge Leute, geboren zwischen 1903 und 1915, die von einer „echten internationalistischen Gesinnung" getrieben wurden. Sie waren „ihrem eigenen Gewissen folgend" nach Spanien gefahren, um ihre Solidarität zu bekunden und „gemeinsam gegen den Faschismus und den Krieg zu kämpfen", der auch ihre eigenen Länder bedrohte.[221] Sie waren vom Idealismus getrieben, von dem Wunsch, endlich handeln zu können, von der Überzeugung, etwas bewirken zu können und vom Glauben in die Möglichkeit und die Kraft der Veränderungen. Obwohl damals der Faschismus als eine ungeheuere Kraft erschien, ließen sie sich, laut Roman, vom Licht des Mutes anstecken, das damals von Spanien ausstrahlte in ein dunkles Europa hinein.[222] Ein rumänischer Interbrigadist, Ilie Stoica, der viele Jahre vor dem spanischen Bürgerkrieg nach Brasilien ausgewandert und trotzdem dem Ruf der Internationalen Brigaden gefolgt war, schrieb seiner Frau: „Bitte sei mir nicht böse, dass ich gegangen bin, aber ich habe gefühlt, dass ich es tun muss. Nachdem wir hier den Feind besiegen werden, könnte sich die Lage auch in unserem Land verändern. Dann werden wir wiederkehren können, in das Haus unserer Eltern und Vorfahren."[223]

Man könnte natürlich argumentieren, dass die Ausweglosigkeit, in der sich die meisten von ihnen befanden, ihren Sinn für die Wirklichkeit getrübt hatte und sie sich deswegen in einem von Anfang an zum Scheitern verurteilten Unternehmen engagierten. Dabei darf man aber nicht vergessen, dass nicht nur die politischen Umwälzungen der Jahrhundertwende, sondern auch die rasante

---

[220] Interview von Robert Levy mit Ilie Zaharia. Nicht veröffentlicht; freundlicherweise erhalten von Robert Levy.
[221] Borilă, Petre : Solidartiatea internaţională cu cauza poporului spaniol.[Internationale Solidarität mit Spanien.], in: Adorian, Voluntari, S. 100-101.
[222] Roman, Cavalerii, S. 26 und 28.
[223] Ebenda, S. 175. Ohne Angabe der Quelle.

technische Entwicklung gezeigt hatte, dass die Kraft der Veränderungen in Menschenhand liegt. Sie wurden zudem vom Glauben beflügelt, nach der Erfahrung der Russischen Revolution, dass es eine egalitäre Gesellschaft geben könnte, und dass der Kampf für diese ein gerechter und sich lohnender Kampf war. Es waren Kommunisten, die den Terror Stalins noch nicht zu spüren bekommen hatten und die an eine reine Form des Kommunismus glaubten. Valter Roman, ein ehemaliger Spanienkämpfer, sagte: „Du kannst nicht nur dann in den Krieg ziehen, wenn du dir des Erfolgs, ja sogar eines schnellen Erfolgs, sicher bist. Es ist nicht beschämend besiegt zu werden, sondern nicht im richtigen Zeitpunkt gekämpft zu haben ist beschämend."[224]

5.2.4. Die Ausreise

In den Archivdokumenten und den Memoirenbüchern wird festgehalten, dass etwa 500 Rumänen auf dem Weg nach Spanien aufgebrochen sind, um sich dort in den Internationalen Brigaden einzuschreiben. Auf der anderen Seite werden in den Aufzählungen in den gleichen Dokumenten nur 403 Personen aufgelistet.[225] Dieses lässt sich vermutlich sowohl auf die Tatsache zurückführen, dass die erste Zahl hochgespielt wurde und dass auch die Personentabellen unvollständig sind. Es gab vermutlich eine Evidenzliste der Personen, die die Einwilligung der Partei für die Reise bekommen hatten. Ohne Einwilligung von Oben war ihnen der Weg versperrt. Diese Liste ist aber nicht unter den Dokumenten im Rumänischen Nationalarchiv zu finden; falls es sie gibt, dann liegt sie in noch unerforschten Beständen. Die Differenz zwischen den beiden Zahlen könnte aber auch daran liegen, dass manche der Leute nie in Spanien ankamen – entweder weil sie aufgaben, zurückgeschickt wurden von den Grenzwächtern oder gar in einem fremden Land ins Gefängnis kamen.[226]

---

[224] Ebenda, S. 374.

[225] Die im Archiv existierenden Listen mit den ehemaligen Spanienkämpfern wurden laut den Vermerken im Archiv erst 1968 zusammengestellt; deswegen ist es sehr wahrscheinlich, dass viele Angaben unvollständig sind.

[226] Der Weg nach Spanien wird im nächsten Kapitel dargestellt.

Ankommen der Freiwilligen in Spanien nach Jahren	
1930-1936	2
1936	42
1937	109
1938	67

Tabelle 3: Ankunft der Rumänen in Spanien nach Jahren.[227]

Die Mehrheit derer, die schon 1936 nach Spanien reisten, entstammte der rumänischen Emigration in Frankreich. Da die Archivbestände nicht komplett sind, kann das nicht mit hundertprozentiger Sicherheit belegt werden. Mit den Angaben in den Memoirenbücher stimmt diese Vermutung aber überein. Die meisten Personen wurden vermutlich im Jahr 1937 angeworben und reisten im gleichen Jahr nach Spanien (siehe Tabelle 3). Die kommunistische Partei hatte ab Ende 1936 ihre Rekrutierungskampagne intensiviert[228] und die Leute waren durch die Siege der republikanischen Armee ermutigt, bei diesem Projekt, Internationale Brigaden genannt, mitzumachen. Außerdem bot der Besuch der Pariser Weltausstellung von 1937 einen exzellenten Grund zur Ausreise.

Herkunftsländer der aus dem Exil gekommenen Rumänen	
Frankreich	26 [mindestens, die Zahl muss höher gelegen haben]
USA	2
Italien	1
Argentinien	1
Brasilien	2
Palästina	7
Belgien	2
Schweiz	1

Tabelle 4: Rumänische Freiwillige nach Herkunftsländern[229]

---

[227] ANR, Mikrofilm 1-106-101-82-423, f. 557-592.
[228] Adorian, Voluntari, S. 302.
[229] ANR, Mikrofilm 1-106-101-82-423, f. 557-592. Da es leider keine Angaben über diejenigen Rumänen gab, die aus der UdSSR kamen, gab, konnten diese nicht berücksichtigt

Für diejenigen Rumänen, die aus anderen Ländern nach Spanien anreisten, gab es außer der Überwindung der Grenze zwischen Frankreich und Spanien eigentlich keine großen nennenswerten Probleme. Für diejenigen aber, die aus Rumänien ausreisen wollten, gestaltete sich das Problem ganz anders. Trotz aller Geheimvorkehrungen hatten viele Freiwillige Schwierigkeiten beim Versuch, Rumänien zu verlassen, da der Sicherheitsdienst alle Personen mit Kontakten zum Kommunismus beobachtete. Diesen wurden keine Pässe ausgestellt. Außerdem verschärfte man die Grenzkontrollen.[230] Deswegen mussten einige Mitglieder der RKP mehrmals abgewiesen werden, als sie verlangten, nach Spanien gehen zu dürfen. Stan Minea erzählt, dass ihm die Partei die Ausreise verweigerte, weil der richtige Zeitpunkt nicht gekommen war – vermutlich wegen behördlichen Einschränkungen bei der Passvergabe und schärferen Grenzkontrollen. Statt dessen schlug man ihm seitens der RKP die Teilnahme an einem Französischkurs vor. Er beschreibt, dass nicht nur Sprache und sozialistische Theorie unterrichtet wurden, sondern auch Geographie, mit besonderem Schwerpunkt auf den Grenzen zwischen Frankreich und Spanien. Auch für ihn war die Weltausstellung in Paris der rettende Vorwand zur Ausreise. Da er nicht vorbestraft war, bekam er von den Behörden einen Pass ausgestellt.[231]

Alle rumänischen Freiwilligen, für welche keine Vorbestrafung vorlag und die keine erwiesenen Beziehungen zu den Kommunisten hatten, erhielten ihren Pass relativ schnell und ohne große Schwierigkeiten. Wenn einem Kommunisten, der vorbestraft war oder verfolgt wurde die illegale Ausreise bewilligt worden war, durfte dieser bis zur Abreise keinen Punkt in seinem normalen Tagesablauf sichtlich verändern. Außerdem sollte niemand von der Reise erfahren. Für Vermieter und Familie wurde ein einfacher Vorwand verwendet (z.B. Besuch der Familie oder eines Freundes). Einige Wochen vor der Abreise durfte kein Kontakt zu den kommunistischen Parteizellen bestehen,

---

werden. Dabei handelte es sich aber, im Gegensatz zu den aus anderen Ländern Angereisten, mehrheitlich um Kader der RKP.
[230] Roman, Cavalerii, S. 74.
[231] Minea, Stan: Printre muncitorii bucureşteni în ajunul plecării în Spania. [Unter den Bukarester Arbeitern am Vorabend der Reise nach Spanien.], in: Adorian, Voluntari, S. 122.

wegen der Gefahr, beschattet zu werden und somit den ganzen Plan zu gefährden.[232]

In einem Bericht des Informationsdienstes der Direktion Nationale Sicherheit vom 14. Oktober 1937, gerichtet an den Generalinspektor der Gendarmerie, wurde vermerkt:

„Das Komitee für die Rekrutierung der Spanienfreiwilligen hat gemerkt, dass die für die Reise nötigen Dokumente nur sehr schwer erhalten werden können. Deswegen hat es beschlossen, dass von nun an die Freiwilligen illegal über die rumänische Grenze in die Tschechoslowakei gebracht werden sollen, Land in welchem es leichter ist mittels kommunistischer Organisationen Reisepapiere zu erhalten. ...] Deswegen bitten wir Sie, die nötigen Maßnahmen zu ergreifen, um das illegale Überqueren der Grenze zu verhindern und die Bestrafung derjenigen zu veranlassen, die dabei erwischt werden. Zudem bitten wir Sie, unsere Generaldirektion über jeden einzelnen Fall zu informieren."[233]

Zwar wurden die Grenzkontrollen verschärft und die Kommunisten vermehrt beschattet, aber „der von der liberalen Regierung ausgeübte Terror konnte die rumänischen Freiwilligen nicht davon abhalten, nach Spanien zu gehen, als Boten der großen Solidarität der rumänischen revolutionären Bewegung sowie der gesamten antifaschistischen Öffentlichkeit mit dem Kampf des spanischen Volkes."[234]

5.2.5. Auf engen Pfaden. Der Weg nach Spanien

Wie schon im vorigen Kapitel vermerkt, gab es für die Kommunisten zwei Möglichkeiten, um aus Rumänien auszureisen: entweder sie hatten einen Pass und damit den „Luxus", offiziell die Grenzen überqueren zu können, oder sie wählten den illegalen Weg.

---

[232] Adorian, Voluntari, S. 340.
[233] Ebenda, S. 546. Aus: AHISS, F. 101, D. 7726, F. 137.
[234] Ebenda, S. 72. Aus: Broschüre der RKP „Hilfe für Spanien" vom Februar 1937, AHISS, C. AB XXI-3, Inv. 1709.

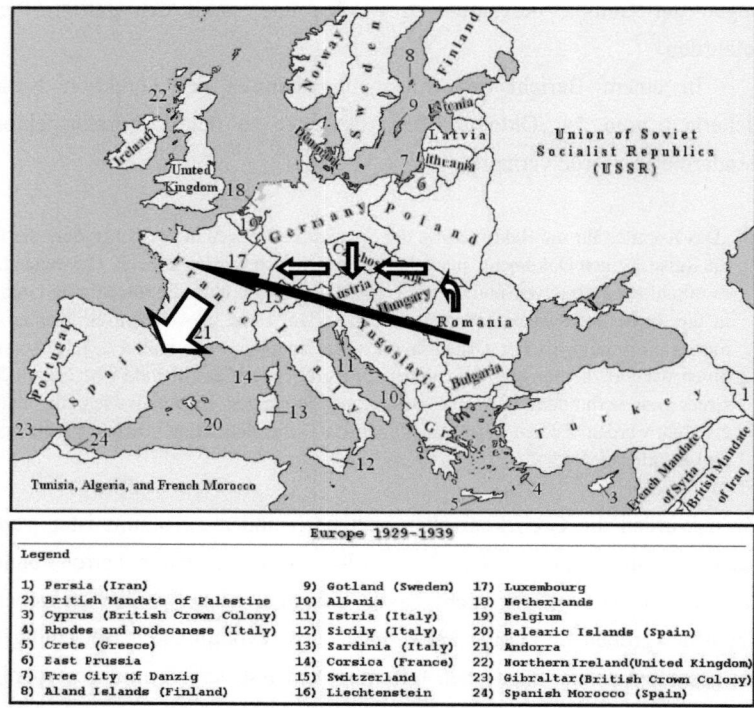

Abbildung 5: Der Weg der rumänischen Freiwilligen nach Spanien.[235]

Der legale Weg führte die Frei villigen entweder durch Budapest und Wien nach Basel und dann nach Paris, oder durch Belgrad und Italien nach Basel und dann nach Paris. In Paris blieben sie einige Tage, um schließlich in größeren Gruppen an die spanisch-französische Grenze gebracht zu werden. Die illegale Reise führte bei Nacht und Nebel über die Grenze Rumäniens in die Tschechoslowakei, nach Österreich, in die Schweiz und schließlich nach Frankreich, mit Hilfe der tschechischen KP und der kommunistischen Parteien aus Österreich, aus der Schweiz und aus Frankreich. Die legale Reise dauerte

---

[235] Europakarte 1929-1939. Der schwarze Pfeil deutet den Weg derjenigen an, die mit Pass und Papieren das Land verlassen haben; die schwarz umrandeten Pfeile den Weg der „Illegalen". Der weiße Pfeil zeigt schließlich die Stelle an, wo die Grenze zwischen Frankreich und Spanien passiert wurde. Dieses Bild basiert auf dem Bild EUROPE 1919-1929 POLITICAL 01.png aus Wikimedia Commons von Jan Humpolík und steht unter der Creative Commons Attribution 2.5 zur Verfügung.

etwa eine Woche mit dem Zug; die illegale einige Wochen oder gar Monate.[236] Darin machen sich auch die große Hingebungskraft, der Idealismus und der unbeirrbare Glaube an das Ziel bemerkbar – dass mancher erst nach mehreren Monaten qualvollen Weges in Spanien ankam, und nicht aufgab.

Dumitru Maxim, Taxifahrer aus Bukarest, war einer der Glücklichen, die nicht durch kommunistische Aktivitäten aufgefallen waren, weshalb er einen Pass ausgestellt bekam. Die RKP besorgte ihm anschließend ein Zugticket nach Zürich, wohin er im Winter 1936 aufbrach. Dort endete seine „legale" Reise. Man hatte ihm eine Adresse aufgeschrieben und ein Kennwort, womit er sich bei dieser Adresse melden sollte. Von den schweizerischen Kommunisten wurde er nach Basel gebracht und über die Grenze nach Frankreich geschleust. In Paris gesellte er sich zu anderen Freiwilligen, mit denen er dann zusammen im März 1937 zu Fuß die Pyrenäen überquerte. Nach vielen Hindernissen – die Überquerung des Gebirges dauerte einige Tage, da sie sich verirrt hatten, kein Essen dabei hatten und keine warmen Kleider, außerdem hatten sie Angst vor den Wölfen, die zu der Jahreszeit im Gebirge in Rudel jagten – gelangten sie schließlich auf die spanische Seite und wurden von spanischen Bauern aufgenommen. Nach einem Zwischenstopp in Barcelona kamen sie schließlich nach Albacete.[237]

Aurel Stancu, Mitglied der RKP, hatte bei seiner Ankunft im Hauptquartier der Internationalen Brigaden eine abenteuerliche Reise hinter sich. Da er in einem Prozess für Hochverrat verwickelt und deswegen untergetaucht war, wurde er von der Staatssicherheit gesucht. Er konnte keinen Pass verlangen und so wählte er die illegale Reise. Im Sommer 1937 überquerte er nachts, zusammen mit einigen anderen, die Grenze Rumäniens zur Tschechoslowakei. Sie wurden jedoch von den tschechischen Grenzwächtern entdeckt und zur rumänischen Grenze zurückgebracht. Da sie nicht in die Hände der rumänischen Polizei geraten wollten, sprangen sie in den Grenzfluss Tisza, kehrten in die Tschechoslowakei zurück und schafften es, auf Umwegen nach Prag zu gelangen. In Prag trafen sie auf andere Freiwillige. Man teilte sie in mehrere kleine Gruppen auf. Sie sollten, auf unterschiedlichen Wegen, um keine Aufmerksamkeit zu erregen, durch Österreich und durch die Schweiz nach

---

[236] Roman, Cavalerii, S. 76-77.
[237] Adorian, Voluntari, S. 162-172.

Frankreich gelangen. An der französischen Grenze wurden sie aber entdeckt und in die Schweiz zurückgebracht, wo sie die dortige Polizei verhaftete. Nach einem Tag wurden sie freigelassen und schafften es, erneut die Grenze nach Frankreich zu überqueren. Sie gelangten bis Besançon, wo sie die Kommunistischen Partei Frankreichs auffing und nach Paris brachte. Nach einem kurzen Aufenthalt in Paris wurden sie nach Perpignan in Südfrankreich gefahren, von wo aus sie die Pyrenäen überquerten und nach einem langen Fußmarsch das Städtchen Figueras auf der spanischen Seite erreichten.[238]

Gheorghe Stoica (Moscu Cohn) musste, da er vorbestraft war, auch den illegalen Weg nehmen. Wie alle anderen musste auch er den Weg von Perpignan bis Figueras über die Pyrenäen zu Fuß gehen. Er beschreibt diesen Weg, den er im Spätherbst 1937 zurücklegte:

> „Wir sind nachts gelaufen, auf engen Pfaden, zwischen Felsen und Abgründen. Der Grenzübergang war streng bewacht und wir mussten die Wege und Täler umgehen, die von den französischen Gendarmen kontrolliert wurden. Unter diesen Umständen habe ich die Folgen des Gefängnisaufenthaltes gespürt. Ich konnte nur langsam und schwer steigen, der Schweiß rannte auf meinem Gesicht hinunter. Auch unsere Schuhe waren für das Bergsteigen ungeeignet. Man hat uns aber Espadriles gegeben. Wir stiegen hinauf, hinunter, wiederum hinauf und wieder hinunter."[239]

Die Leistung, der Wille und das Durchhaltevermögen der Leute, die solche Wege und Gefahren auf sich nahmen, um in Spanien für ihr Ideal zu kämpfen, ist bemerkenswert. Das eigentlich Erstaunliche ist aber auch die riesige Koordinations- und Organisationsarbeit, die dahinter steckte. Es bedurfte einer extrem guten Organisation und Abgestimmtheit zwischen den Netzwerken der kommunistischen Parteien der einzelnen Länder, um einen solchen Fluss an Freiwilligen über die Grenzen zu führen und nach Spanien zu bringen. Nicht ohne Grund werden die Internationalen Brigaden als das erfolgreichste Projekt der Kommunisten in der Zwischenkriegszeit genannt.

---

[238] Stancu, Aurel: Lupte grele in Aragon şi Levante. [Schwere Kämpfe im Aragon und in Levante.], in: Adorian, Voluntari, S. 303-307.
[239] Stoica, Gheorghe: Comisar politic pe frontul de pe Ebro. [Politkommissar auf der Front am Ebro.], in: Adorian, Voluntari, S. 314.

6. In Spanien

6.1. Rumänische Gruppen in den Internationalen Brigaden

Die ersten Rumänen kamen, aus Frankreich, schon im Herbst 1936 nach Spanien. Viele kämpften, vor der Gründung der Internationalen Brigaden, in den Milizen der Anarchisten oder der Gewerkschaften mit. Darunter war auch der Arzt Andrei Tilea, ein in den 30er Jahren nach Frankreich ausgewanderter Rumäne. Er blieb bei den Milizen, wurde aber Mitte 1937 zusammen mit seinen Kameraden von nationalistischen Truppen aufgegriffen und hingerichtet. Aus dem Gefängnis schrieb er einen Brief an die Rumänische Kommunistische Partei: „Morgen werde ich hingerichtet. Mit aufrechter Stirn sehe ich dem Tod entgegen, in der Gewissheit, dass ich meine Verpflichtung als Kommunist getan habe und mit dem unbeirrten Glauben an den Sieg unseres Kampfes."[240]

Ab dem Oktober 1936, als die Gründung der Internationalen Brigaden beschlossen wurde, wurden sie in die Bataillone „Edgar André" und „Thälmann" eingegliedert, mit denen sie an der Verteidigung Madrids teilnahmen, im Winter 1936/37. Das „Thälmann"- Bataillon war eigentlich Teil der XI. Internationalen Brigade, auf der Madrider Front wurde es, wegen der hohen Verluste als Folge der heftigen Kämpfe, zeitweilig der XII. Brigade angegliedert. Einige Rumänen waren auch im Bataillon „Čapajev" der XIII. Internationalen Brigade, wo sie bis im Sommer 1937 eingegliedert waren (danach wurden sie Teil des Rumänischen Motorisierten Artillerieregiments, siehe unten). Sie kämpften im Frühjahr an der andalusischen Front (Pozoblanco) und im Juli 1937 bei Brunete. Ferner waren Rumänen in der XIV. Internationalen Brigade, im Bataillon „Sans Nom" der 9 Nationen. Diese nahmen auch an den Kämpfen um Madrid teil, Anfang des Jahres 1937. Sie kämpften vor allem auch in Lopera und Majadahonda (wo sie mit den rumänischen faschistischen Freiwilligen „zusammentrafen").

Andere wiederum waren im eigenständigen balkanischen Bataillon „Djaikovič" eingegliedert. Dieses wurde 1937 erschaffen. Bis zur Reorganisation der spanischen Republikanischen Armee im Sommer 1937 (die

---

[240] Roman, Cavalerii, S. 263.

sich auch auf die Aufstellung und Zusammensetzung der Internationalen Brigaden auswirkte) blieb es eigenständig; im Herbst wurde es Teil der gemischten 150. Brigade der Armee, später Teil der 45. Armeedivision. 1938 wurde es schließlich, zusammen mit dem Bataillon „Masaryk", zur 129. Internationalen Brigade. Die Männer der rumänischen Gruppe, genannt „Grivița" (in Andenken an den Schauplatz des Streikes von 1933), waren meist Schützen. 1937 nahm das Bataillon an den Schlachten von Brunete, Belchite und Fuentes de Ebro teil; 1938 waren sie in der Extremadura, an der Front in Aragón sowie in Levante. Fast alle Mitglieder der 129. Internationalen Brigade kämpften im Februar 1939 für die Verteidigung Kataloniens.

Der XI. Internationalen Brigade gehörte auch die Artilleriegruppe „Ana Pauker" an, die nach der rumänischen „Pasionaria", der Kommunistin Ana Pauker (zu der Zeit in einem rumänischen Gefängnis) benannt war. Diese Gruppe nahm an den Kämpfen der XI. Brigade teil. Bei ihrer Entstehung verfügte sie über kein einziges Artilleriestück. Die ersten Waffen wurden im Laufe einer Schlacht vom Feind „übernommen" aufgrund Mangels an eigenem Material; eine Praxis die auch im weiteren Verlauf des Bürgerkriegs oft angewendet wurde.[241]

Als im Sommer 1937 die spanische republikanische Armee reorganisiert wurde, wurde auch die Gruppe umbenannt, zu „Skoda Ana Pauker", und war nun Teil des rumänischen motorisierten Artillerieregiments, welches erst der 35., später der 45. Armeedivision untergeordnet war. Grund dafür war aber nicht nur die Reorganisierung der gesamten Armee, sondern auch die Tatsache, dass immer mehr Rumänen zu den Internationalen Brigaden dazustießen. Die Gruppe „Skoda Ana Pauker" bestand aus 4 Batterien: Pasionaria, Asturias, Franco-Belga (ehemals Bataillon der XI. Brigade) und Ana Pauker. Rumänische Freiwillige waren vor allem in den Batterien Franco-Belga und Ana Pauker. In der Schlacht bei Brunete im Juli 1937 wurde die Artilleriegruppe wegen fehlender Munition zurückgezogen. Sie nahm außerdem an den Kämpfen um Belchite, Teruel, an der Front in Aragón und am Ebro teil.

---

[241] Ebenda, S. 112.

Ein rumänischer Freiwilliger, Aron Niță, schrieb über die Anreise von immer mehr Landesgenossen:

> „Bei meiner Ankunft im Instruktionszentrum [Casa Ibañez] waren wir nur wenige Rumänen. Dann kamen sie, und unsere Gruppe wurde immer größer. Mit jedem Neugekommenen kam auch ein Teil unserer Heimat, unserer Luft und unserer Berge, und der harmonische Klang unserer Muttersprache. So wurde aus dem kleinen Grüppchen eine richtig große Gruppe, die im spanischen Dorf rumänische Volkslieder und revolutionäre Lieder erklingen ließ, welche die Bewohner mit Erstaunen und Bewunderung aufnahmen. Dadurch kamen wir auch unseren militärischen und politischen Führern näher. Mehr als das, diese waren erstaunt von der Disziplin, der Intelligenz, dem Kulturdrang und der Kampfeslust unserer Gruppe. Letzteres ist aber erklärbar: Diese Lust wird vom Wunsch vorangetrieben, unsere Brüder, die Märtyrer aus Zellen rumänischer Gefängnisse, zu rächen. Zur gleichen Zeit wollen wir aber auch dem spanischen Volk und der Arbeiterschaft helfen. Wir wollen unseren Beitrag zur Befreiung des spanischen Volkes und für den Frieden mit Mut, Heldenhaftigkeit, Ehre und Selbstverleugnung leisten."[242]

Die Entstehung der rumänischen Artilleriegruppe „Gheorghe Gheorghiu-Dej" fand im Sommer 1937 statt, als Teil der balkanischen Schwerartillerie-Division. Mehr als ein Jahr lang (1937 – 1938) arbeitete diese Gruppe, als einzige internationale Einheit, mit spanischen Armeeeinheiten zusammen. In den Sommermonaten des Jahres 1938 unterstand die Batterie „Ana Pauker" dieser Gruppe, sowie auch die Batterie „Tudor Vladimirescu". Die vielen Veränderungen waren nicht nur Teil der Reorganisierung der Armee, sondern entstanden einerseits wegen der Ausfälle (Tote und Verletzte infolge der Kämpfe) und andererseits aufgrund der Notwendigkeit der Organisierung der neu ankommenden Freiwilligen.

Außerdem gab es in der 45. Division ein rumänisches Maschinengewehrregiment und ein Infanterie-Bataillon, in dem viele rumänische Freiwillige eingegliedert waren (das sogenannte „Divisions-Bataillon" oder „Tschechisch-Balkanisches Bataillon"). Letzteres wurde 1938 gegründet und nahm an den Kämpfen von Teruel, Corbera und in der Sierra Cabals und Sierra de Pàndols teil.[243]

---

[242] Ebenda, S. 109-110.
[243] Diese Angaben wurden zusammengestellt aus folgenden Werken und Quellen: Castells, Las Brigadas Internacionales, S. 445-611, Adorian, Voluntari, S. 83-512; Roman, Cavalerii. Zu den einzelnen Schlachten des spanischen Bürgerkriegs siehe Tabelle 2 im Kapitel 3.2.

Grup de voluntari români (între care Nicolae Cristea, Nicolae Pop, Gheorghe Stoica, Constantin Doncea, Coloman Ambruș, Manole H. Manole, Vasile Călugăru, Nicolae Olaru, Haralampie Anghel și alții)

Abbildung 6: Rumänische Spanienkämpfer[244]

Freiwillige aus Rumänien gab es auch im Sanitätsdienst der Internationalen Brigaden, sowohl in den Krankenhäusern, als auch an der Front. Dr. Jacob Kranzdorf aus Bukarest, 34 Jahre alt, kam nach Spanien im April 1938. Er war im März des gleichen Jahres legal, mit einem Visum für Frankreich im Pass, in Bukarest abgereist. In Spanien wurde er in die 129. Brigade als Arzt eingegliedert, mit dem Grad eines Leutnants. Von April bis Dezember 1938 war er Chefarzt der Klinik für Venerologie des internationalen Krankenhauses in Moyá. Außerdem waren einige Chemiker, Techniker und Ingenieure im technischen Spezialdienst tätig. Anders aber als bei den Brigaden, wurde beim restlichen Personal, auch beim medizinischen, nicht nach Nationalität, sondern nach Wissen, Können und Bedarf aufgeteilt. Zwar gab es innerhalb der rumänischen Gruppen auch rumänische Sanitäter; die Ärzte und

---

[244] Aus: Adorian, Voluntari, S. 323.

Krankenschwestern, sowie die Techniker waren aber überall in der republikanischen Zone verteilt.[245]

Alle Freiwilligen bekamen einen Militärausweis (31 Seiten insgesamt) der Internationalen Brigaden, auf dem außer den persönlichen und militärischen Angaben auch die politische Zugehörigkeit vermerkt wurde. Unter der Rubrik „Partido Politico" stand bei den Rumänen „Antifascista". Andere Angaben betrafen erhaltene Boni, Kleider, Vermögen, Veränderungen in der Eingliederung, geleisteter Frontdienst, Datum des Ein- und Austretens und andere Vermerke. Außerdem erhielten sie Ende Oktober 1938 nach ihrer feierlichen Entlassung in Barcelona eine Art Diplom, welches bestätigen sollte, dass sie in den Internationalen Brigaden gekämpft hatten.

Obwohl nicht alle Rumänen Mitglieder der kommunistischen Partei waren, wurden sie für die Zeit ihres Aufenthaltes in Spanien Mitglieder des PCE, wie fast alle anderen Internationalen.[246] Leider sind keine weiteren Kommentare dazu bekannt – es kann also aus Gruppenzwang, aber genauso gut aus Enthusiasmus geschehen sein.

Manche der rumänischen Freiwilligen machten Karriere in den Internationalen Brigaden. Valter Roman wurde in seiner Funktion als Kommandant der Artilleriebatterie „Ana Pauker" eine der wichtigsten rumänischen Persönlichkeiten des spanischen Bürgerkriegs,. Außerdem gab es mehrere rumänische Politkommissare. Sie hatten die Aufgabe, ihre Gruppen nicht nur zu überwachen, sondern auch politisch zu erziehen (auch wenn die politische Erziehung im Sinne einer Partei, hier die kommunistische, eigentlich durch das Statut der Internationalen Brigaden verboten war.). In dieser Eigenschaft hielt Gheorghe Stoica (Moscu Cohn) Vorträge zu „verschiedenen politischen Themen, beispielsweise, über den gerechten Charakter des spanischen Bürgerkriegs, über Maßnahmen gegen die faschistischen Truppen, über die Volksfront in Spanien und den demokratisch-progressiven Charakter der Politik der spanischen Regierung."[247]

---

[245] Iancu, Dr. David: Din activitatea voluntarilor români în serviciul sanitar al Brigăzilor Internaționale.[Über die Tätigkeit rumänischer Freiwilligen im Sanitätsdienst der Internationalen Brigaden.], in: Adorian, Voluntari, S. 390-400.

[246] Roman, Cavalerii, S. 121.

[247] Stoica, Comisar politic, in: Adorian, Voluntari, S. 315.

Die Politkommissare waren auch für die Gruppendiskussionen zuständig, die zwischen den Freiwilligen entstanden. Am meisten erregte in den rumänischen Gruppen der 3. Moskauer Prozess im Jahr 1937 gegen Nikolaj Ivanovič Buharin und Christian Rakovski die Gemüter. Letzterer war eine der prägenden Persönlichkeiten der rumänischen KP in Moskau Anfang der 20er Jahre gewesen. Trotzdem wurde der Prozess als gerecht empfunden, denn die Unfehlbarkeit des kommunistischen Systems wurde von den meisten vorausgesetzt. Diejenigen, die der allgemeinen Meinung nicht zustimmten und offensichtliche Zweifel hatten, wurden von der Gruppe zum Schweigen gebracht. Die rumänischen Freiwilligen in Spanien sahen sich demnach selbst als echte Kommunisten an, als Pioniere, die für ein gerechtes System und eine neue Welt kämpften. Ihr Idealismus trieb sie nicht nur so weit, dass sie – für die „Erlösung" Rumäniens – in Spanien ihr Leben aufs Spiel setzten, sondern auch, dass sie das System, für welches sie kämpften, nie in Frage stellten.

Sowohl Roman, als auch Stoica erwähnen mehrmals, dass die Rumänen ein Beispiel an Disziplin und Hingebungskraft in den Internationalen Brigaden gewesen sind. Für Stoica hatten sie

> „die Eigenschaften, die ein revolutionärer Kämpfer nötig hat: Mut, Tapferkeit und eine hohe Moral. Nicht nur im Kampf, sondern auch im Alltagsleben an der Front, in den kurzen Ruhepausen, wenn Müdigkeit und Erschöpfung eintraten.[...] Wie es auch normal ist, waren manche traurig, auch wegen der Entfernung zur Heimat, zu ihren geliebten Familien. Aber vor ihnen sahen sie immer die großartigen Beispiele der revolutionären Kämpfer im Heimatland, die die Barbarei der Staatssicherheit und der Gefängniswärter zu ertragen hatten."[248]

Der Idealismus und die etwas romantische Sicht auf die Geschehnisse in Spanien ist erstens durch die zeitliche Distanz zu erklären, die zwischen den Ereignissen und dem Niederschreiben liegt, zweitens aber auch durch den psychologischen Prozess der kognitiven Dissonanz, den die rumänischen Freiwilligen in Spanien durchgemacht haben. Sie haben sich ihr eigenes Bild von der Wirklichkeit entworfen. Auch die Gruppendynamik scheint mir unter den Bedingungen des Krieges realistisch gewesen zu sein.

---

[248] Ebenda, S. 325-326.

6.2. Rumänische Frauen in Spanien

In Spanien befanden sich aber nicht nur rumänische Männer, sondern auch Frauen. Es waren, im Vergleich zur Anzahl der Männer, sehr wenige, weswegen sie eigentlich zu der Zeit des Bürgerkriegs keine nennenswerte Gruppe darstellten. Es gibt leider keine offizielle Daten speziell dazu und bekannt sind eigentlich nur fünf Frauen, ihre Anzahl muss jedoch höher gelegen haben, schätzungsweise bei etwa 3-4% der Gesamtzahl der rumänischen Freiwilligen.[249]

Über diese fünf kommunistischen Frauen sind nur einige Eckdaten ihrer Biographien bekannt. Elisabeth Birman (später Elisabeta Luca) war seit 1935 Mitglied der KP. Kurze Zeit nach ihrem Beitritt wurde sie verhaftet und erst 1936 entlassen. Danach floh sie in die Tschechoslowakei, wo sie die Wintermonate 1936 verbrachte. Zusammen mit anderen jüdischen Studenten ging sie von da aus in die Schweiz, nach Basel, um sich für Spanien als Freiwillige zu melden. Da aber nur Männer angenommen wurden und sie über keine medizinische Ausbildung verfügte, wurde sie weggeschickt. Sie schaffte es aber, illegal nach Frankreich zu kommen, wo sie sich in Paris mit verschiedenen Jobs durchschlug und an Demonstrationen für die Spanienhilfe teilnahm. 1937 schaffte sie es, nach Spanien zu gelangen, wo sie im Hauptquartier in Albacete blieb und im Pressebüro der Santitätsdirektion tätig wurde. Kurze Zeit danach wechselte sie in die Administration des Hauses der Direktion. Sie arbeitete auch bei der rumänischen Frontzeitung mit, „Luptătorul" („Der Kämpfer").[250]

Später wurde sie bis Juni 1938 die persönliche Sekretärin des Politkommissars der rumänischen Gruppen, Petre Borilă. Dank Borilă (mit dem sie wahrscheinlich eine Affäre hatte) öffneten sich für sie andere Möglichkeiten. Von Juni 1938 bis Februar 1939 lebte sie in Barcelona, wo sie in der Kaderdirektion des ZK des PCE arbeitete. Nach dem Ende des Bürgerkriegs

---

[249] Diese Vermutung gründet auf der Tatsache, dass einige Ärztinnen und Krankenschwestern und sogar eine Apothekerin in den Erinnerungen ehemaliger Freiwilliger genannt werden, jedoch entweder ohne namentliche Nennung oder ohne Informationen zu ihrer Tätigkeit und ihrem Schicksal.
[250] Von dieser Frontzeitschrift sind nur einige Artikel in bruchstückhafter Form erhalten geblieben, die in Rumänien in der Zeitung der RKP „Scânteia" abgedruckt worden waren.

kam sie in Frankreich, im Lager von Perpignan, an. Sie konnte aus dem Lager fliehen und nach Paris gehen, wo sie einige Zeit im französischen Komitee für Spanienhilfe tätig war. Wegen ihrer jüdischen Abstammung wurde sie gezwungen, Paris zu verlassen. Das Frühjahr 1941 erlebte sie in der Sowjetunion. In Moskau arbeitete sie zuerst für den Staatsverlag (Abteilung Fremdsprachen), später für das Radio „România Liberă" [Freies Rumänien] als Redakteurin. Parallel arbeitete sie in der Komintern als Personalassistentin von Ana Pauker. Nach der Rückkehr nach Rumänien heiratete sie Vasile Luca, einen der bekanntesten Akteure der Sowjetisierung Rumäniens. Im Zuge der innerparteilichen Säuberungen der 50er Jahre wurden beide im August 1952 verhaftet. Ihr Mann wurde hingerichtet, sie wurde 1954 entlassen und verschwand aus dem öffentlichen Leben.[251]

Über Olga Bancic ist nicht viel bekannt. Sie floh aus Rumänien und kam durch Ungarn und Jugoslawien nach Spanien. Dort wurde sie zu einer der maßgebenden Persönlichkeiten in der Solidaritätskampagne für die spanische Republik[252] Sie arbeitete auch im Hauptquartier der Internationalen Brigaden in Albacete, in der Propagandaabteilung.[253] Nach dem Bürgerkrieg wurde sie in Frankreich in der Résistance tätig, in der sogenannten „Gruppe Holban-Manouchian", wo sie für das Waffendepot verantwortlich war. Sie wurde 1943 von der Gestapo in Paris verhaftet und ein Jahr später in Stuttgart hingerichtet.[254]

Hermina Tisminetsky (geb. Marcusohn, 1948 änderte sie ihren Namen zu Tismăneanu) kam aus einer jüdischen Familie und war schon mit 14 Jahren der kommunistischen Studentenorganisation beigetreten.[255] Sie studierte Medizin in Bukarest. 1937 ging sie als Krankenschwester nach Spanien[256], zusammen mit Galea Sincariu (später Galia Burcă) und Sanda Sauvard. Alle drei arbeiteten im Krankenhaus „Casa Roja" in Murcia in Südostspanien.[257] Galea Sincariu lernte

---

[251] Lavinia Betea: Elisabeta Luca, o femeie pe frontul din Spania. [Elisabeta Luca. Eine Frau an der spanischen Front.] Artikel in der Online-Edition des „Jurnalul Naţional": http://www.jurnalul.ro/articol_34195/ [21.11.2006].
[252] Castells, Las Brigadas Internacionales, S. 76.
[253] Ebenda, S. 454.
[254] Ebenda, S. 408, sowie Courtois/ Peschanski/ Rayski, L´Affiche Rouge, S. 273.
[255] Interview von Robert Levy mit Hermina Tismăneanu, nicht veröffentlicht.
[256] Tismăneanu, Stalinism, S. 283 n. 67.
[257] ANR, Mikrofilm 1-106-101-82-423.

ihren Mann, Mihai Burcă, vermutlich erst im Bürgerkrieg kennen.[258] Es ist nicht bekannt, ob Hermina ihren Mann Leonid Tisminetsky (ab 1948 Leonte Tismăneanu) schon vor Spanien geheiratet hatte; es ist aber sicher, dass sie zusammen nach Spanien gegangen sind. Nach dem Bürgerkrieg flohen sie nach Moskau, um 1945 nach Rumänien zurückzukehren. In den 50er Jahren wurde Hermina, wie auch Sanda Sauvard, aus der Rumänischen Kommunistischen Partei ausgeschlossen.

Es gibt keine nennenswerten Archivmaterialien zum Beitrag der rumänischen Frauen im spanischen Bürgerkrieg, außer ein paar wenigen Photos[259]; keine Briefe oder andere schriftlichen Zeugnisse, die Aufschluss geben könnten über ihre Sichtweise, ihre Gefühle und die Art und Weise, wie sie sich selbst im Bürgerkrieg sahen und ihren Beitrag daran werteten. Für sie ist vermutlich, wie für alle kommunistischen Frauen allgemein, die Behauptung zutreffend, dass sie zwar versuchten, in die Frontreihen zu gelangen und auch respektiert wurden, gemäß dem Bild der selbst arbeitenden und schaffenden kommunistischen Frau, dass sie aber trotzdem immer in der hinteren Reihe gastierten, im Schatten der Männer. Das traditionelle Frauenbild aus Rumänien und Spanien, wo sie eher als Mütter und Hausversorger, denn als Kämpferinnen akzeptiert wurden, mag auch zur schwachen Rezeption und Achtung ihres Wirkens beigetragen haben.

6.3. Madrid, Andalusien, Brunete – Der Krieg

Frauen gab es nicht viele an der Front, da es für sie meist nur zwei Tätigkeitsfelder gab: als Krankenschwestern oder als Mitarbeiterinnen der Verwaltung. Dafür wurden aber die Männer, nach einem kurzen Trainingslager in Albacete, direkt an die Front geschickt. Auch wenn die Rumänen den Militärdienst schon gemacht hatten hieß es nicht, dass sie für einen „richtigen" Krieg vorbereitet waren, wie auch Iosif Nedelcu, einer der Freiwilligen, bezeugt:

---

[258] Diese Vermutung wird anhand der Photos im Rumänischen Nationalarchiv und der persönlichen Interbrigadisten-Ausweise der beiden aufgestellt. Auch wenn sie sich von früheren kommunistischen Netzwerken gekannt haben sollen, so ist es sicher, dass sie erst in Spanien zueinander fanden.
[259] ANR, Mikrofilm 1-106-101-82-423.

„Als wir uns als Freiwillige gemeldet hatten, wussten die Wenigsten von uns, was ein Krieg konkret bedeutet. Eines ist es, darüber zu lesen oder Geschichten zu hören und etwas ganz anderes, an einem Krieg wirklich teilzunehmen. Insbesondere unter solchen Bedingungen wie in Spanien, wo es immer an irgend etwas mangelte: mal an Waffen, mal an Munition, an Nahrungsmitteln, oder gar an allem."[260]

Dabei war anfangs Angst die dominante Note, da sie wenige Waffen hatten, unvorbereitet waren und sich zum ersten Mal im Krieg befanden. Dieses galt vor allem für diejenigen, die im Häuserkampf im Universitätsviertel von Madrid, während der Belagerung von Madrid im Winter 1936/37 mitgemacht hatten. Oft wurde die mangelnde Ausrüstung kritisiert, sowie die Tatsache, dass die spanischen Einheiten größtenteils aus sehr jungen und unerfahreneren Rekruten gebildet waren. Dennoch, trotz der technischen Unterlegenheit der eigenen Kontingente[261], wurde ihnen klar, vor allem im Kampf um Madrid, dass nicht nur die militärische Macht, sondern auch der moralische Faktor eine große Rolle im Krieg spielt und sogar maßgebend sein kann.[262]

Wie konnte aber die Moral gut sein, wenn es am Nötigsten mangelte? Nicht nur die Waffen waren schlecht oder gar nicht vorhanden (wie schon erwähnt, musste die rumänische Artilleriegruppe der XI. Brigade erst ihre Waffen vom Feind „erobern"), sondern auch Nahrungsmittel und, an heißen Tagen, das Wasser. Dabei war die Phantasie der Freiwilligen gefragt: statt Wasser füllten sie ihren Milchkaffee in die Maschinengewehre, um sie abzukühlen.[263] Der Krieg zerrte an ihren Nerven.

„Die Situation war aber so bedrückend, dass jeder gelebte Augenblick ganzen Jahren gleichkam. Die Verluste in unseren Reihen häuften sich an. Die Bombardements, das Geräusch der Maschinengewehre, die Explosionen der Artilleriestücke und der Flugbomben zerhackten unsere Nerven. All dem kam noch hinzu, dass es uns an Munition mangelte. [...] Keiner dachte in jenen Augenblicken an sich selbst. Jeder fühlte die Verantwortung, die er für die sich zurückziehende Front hatte."[264]

---

[260] Nedelcu, Iosif: Din nou pe front. [Wieder an der Front.], in : Adorian, Voluntari, S. 422.
[261] Ambruş, Coloman : In zilele eroicei apărări a Madridului. [In den Tagen der heldenhaften Verteidigung Madrids.], in: Adorian, Voluntari, S. 254-276.
[262] Roman, Cavalerii, S. 186.
[263] Roman, Cavalerii, S. 120.
[264] Adorian, S. 308-309.

Der Krieg zerrte aber nicht am Glauben an ihrem Ideal, wie Miron Lazăr von den Kämpfen in der Sierra in Katalonien im Herbst 1938 erzählt:

„Einige Tage lang haben wir es ausgehalten, fast ohne Wasser, ohne Essen. Wir schliefen wann wir konnten, unter dem ununterbrochenen und ohrenbetäubenden Lärm des gegnerischen Feuers und der Bombenexplosionen um uns herum. 700 Leute – Tschechen, Jugoslawen, Bulgaren, Albaner, Mexikaner, Rumänen, Litauer, Esten – Menschen verschiedener Nationalitäten, die in diesen schwierigen Augenblicken durch das heilige Ziel der Freiheit vereint waren."[265]

Diese Tatsache ist eigentlich erstaunlich. Auch wenn die Ereignisse in den Memoirenbänden von Adorian und Roman von den Zeitzeugen erst über 20 Jahre nach dem Krieg beschrieben worden und dabei ohne Zweifel die Geschehnisse in ein anderes Licht getreten sind, so wird doch immer darauf hingewiesen, dass der Idealismus, die Kampfeslust und die Hingabe der rumänischen Freiwilligen wenig unter den schwierigen Umständen des Krieges gelitten hat. Sie haben eigenen Aussagen zufolge sogar dem gequälten Leben in den Kriegsgräben getrotzt und der Tatsache, dass es oft keinen Urlaub gab.

„Monatelang sehen die Soldaten das gleiche, unveränderte Bild einer kargen Landschaft, von der Sonne verbrannt, vom Wind verweht und ohne jegliche Feuchtigkeit. Über große Entfernungen hinweg erstreckt sich keine einzige Ortschaft. Urlaub, möge er noch so kurz sein, wird nicht gewährt, denn es sind wenige Truppen an der Front und jeder Mann ist unentbehrlich. Die Situation gestaltet sich noch schwieriger für die Artilleristen. Sie sind so wenige, dass jede Einheit zig Kilometer an der Front überwachen muss. Die antiquierten und unpassenden Waffen machen alles noch schlimmer. Unter solchen Umständen lauern große Gefahren. Während bei großen Schlachten die Mängel mehr oder weniger unbeachtet bleiben, der Schwung der Leute wächst und die Heldenhaftigkeit ebenso, sinkt im Falle eines langwierigen Positionskrieges die Moral, je mehr Zeit verstreicht."[266]

Es scheint nicht so wie bei vielen anderen Nationalitäten eingetreten zu sein, dass Desertionsversuche an der Tagesordnung waren.[267] Zwar erzählt Roman auch von Unordnung, vor allem durch falschen Rückzugsalarm ausgelöst, sowie auch von Problemen von Nichtdisziplin unter den Soldaten (manche tranken zu

---

[265] Lazăr, Miron: Voluntarii români din batalionul divizionar 45 de infanterie. [Die rumänischen Freiwilligen des 45. Infanterie-Divisionsbataillons.], in: Adorian, Voluntari, S. 371-372.
[266] Roman, Cavalerii, S. 206-207.
[267] Siehe hier Kapitel 3.2.

viel, andere besuchten zu oft Frauenetablissements). Er betont aber, dass die Rumänen stets versuchten, als gutes Beispiel aufzutreten.[268] Der Zusammenhalt der Gruppe scheint sehr groß gewesen zu sein. Dabei spielte die Erfahrung des kommunistischen Untergrundkampfes in Rumänien bestimmt eine große Rolle, denn um zu gewinnen, musste man zusammenhalten. Außerdem waren auch die dabei entstandenen Netzwerke und persönlichen Beziehungen von Wichtigkeit, was auch darin ersichtlich ist, dass die rumänischen Freiwilligen zwar anpassungsfähig waren, dennoch ersuchten, in rumänischen Gruppen eingegliedert zu werden. Dass sich diese „Strategie" des Zusammenhalts ausgezahlt hat wird davon bezeugt, dass Karol Swierczewski (alias General Walter, der militärische Führer der 35. Division) Folgendes über das rumänische Artillerieregiment schrieb:

> „ [...] es hat sich besonders ausgezeichnet durch die unglaubliche Heldenhaftigkeit im Kampf und war das einzige Regiment der spanischen Artillerie, welches regelmäßig von offenen Positionen direktes Feuer auf den Feind praktiziert hat. Nicht einmal während des kontinuierlichen Bombardements des feindlichen Flugkorps in der Schlacht bei Teruel hat es das Feuer aufgegeben."[269]

Bei den idealisierten Beschreibungen in den Memoiren der ehemaligen Spanienkämpfer tritt mit Sicherheit der Versuch mit ein, sich selbst und die eigenen Handlungen in ein gutes Licht zu stellen, sowie auch eine gewisse Strategie der Selbstlegitimierung, die es dem Schreibenden ermöglicht, die eigens rekonstruierte Wirklichkeit wiederzugeben, die oftmals nicht mit der eigentlichen Wirklichkeit – hier diejenige des Krieges - übereinstimmt. Es ist aber davon auszugehen, dass auch die gelebte Wirklichkeit in Spanien vom Idealismus geprägt war und nicht nur von dem Versuch, sich mit dem Krieg zu arrangieren.

Auch in ihrer Heimat Rumänien versuchte man, ihr Engagement in Spanien zu preisen und öffentlich zu machen. Dieses geschah aber mehrheitlich in den Schriften und Zeitungen der Rumänischen Kommunistischen Partei, was zur Folge hatte, dass die Meldungen nur einem sehr geringen Teil der Bevölkerung zugänglich waren.

---

[268] Roman, Cavalerii, S. 343.
[269] Ebenda, S. 107. Aus: Istoričeskij Arhiv Nr. 2/ 1962, Moskau.

„Heute sterben die Frauen und Kinder in Madrid. Morgen werden unsere Frauen und unsere Kinder sterben, alles was uns auf dieser Welt am Wichtigsten ist! Es ist keine Zeit zu verlieren! Lasst uns die Front der Solidarität mit dem Kampf um Leben und Tod der mutigen spanischen Demokratie verstärken! Ehre und Ruhm den rumänischen Helden, die an der Front der Demokratie in Madrid gefallen sind! Gruß an unsere Feiwilligen! Es lebe der Sieg der antifaschistischen Volksfront in Spanien! Es lebe der heroische Kampf des spanischen Volkes!"[270]

Die Propaganda vermischte sich mit dem Gedenken an diejenigen, die in Spanien ihr Leben aufs Spiel setzten. Dabei ist festzustellen, dass immer wieder darauf hingewiesen wurde, dass der Kampf in Spanien auch im Namen des rumänischen Antifaschismus getragen und dass im Fall des Sieges von General Franco auch die Unabhängigkeit Rumäniens gefährdet wurde. In der Broschüre „Der politische Moment und die Aufgaben der progressiven Arbeiter Rumäniens" der Rumänischen Kommunistischen Partei wurde festgehalten, dass

„Wir, die bewussten Arbeiter; wir, die ehrlichen Demokraten, haben verstanden: in Spanien wird über das Schicksal des Friedens und der Freiheit der gesamten Welt entschieden. In Spanien wird über die Unabhängigkeit der schwächeren Länder entschieden, die von einer faschistischen Übernahme bedroht sind. In Spanien geht es auch um die Unabhängigkeit Rumäniens, die Freiheit seiner Bürger und das Leben seiner Kinder.[...] Deswegen denken diejenigen, die ihre Heimat und die Freiheit wirklich lieben, mit Stolz daran, dass irgendwo im Herzen des blutigen Spaniens auch die rumänischen Freiwilligen, mit der Waffe in der Hand, das Anliegen der gesamten progressiven Menschheit verteidigen."[271]

Wie aber sahen sich die rumänischen Freiwilligen in Spanien selbst? Wie sie den Krieg empfanden, wurde schon dargestellt: für sie war es ein gerechter Krieg, der für die Freiheit Europas getragen werden musste. Welches war aber ihre Rolle dabei?

In einem Manifest der Artilleriegruppe „Ana Pauker" vom 15. Oktober 1937, welches in der rumänischen Frontzeitung „Lupătorul" erschien, wurden folgende Zeilen an die Mütter der kommunistischen Gefangenen in Rumänien gerichtet:

---

[270] Adorian, Voluntari, S. 73. Aus: AHISS, C. AB XXI-3, Inv. 1709.
[271] Ebenda, S. 77-78. Aus: AHISS, C. Ab XXII-3/1005, F. 16-19.

„Jeder von uns hat die ihm wichtigsten Menschen verlassen, um hierher zu kommen und für die Freiheit Spaniens, für die Freiheit der ganzen Welt zu kämpfen. Es wird nicht mehr lange Zeit vergehen, bis der Faschismus zerdrückt wird. Der Sieg über den Faschismus in Spanien wird auch eine [neue] demokratische Regierung in Rumänien ermöglichen, die politische Amnestie geben und euch euere Kinder zurückbringen wird.“[272]

Die rumänischen Freiwilligen sahen sich demnach als Kämpfer für die Freiheit der Welt und für die Freiheit ihrer Genossen, die sich in den rumänischen Gefängnissen befanden. Sie waren fest davon überzeugt, dass sie, als Gesandte der Arbeiterschaft und der rumänischen demokratischen Bewegung, zusammen mit den anderen Spanienkämpfern den Faschismus aufhalten könnten. „Der Sieg des spanischen Volkes wird auch unser Sieg sein. All denen, die es darauf abzielen, die elementarsten Rechte der Menschheit zu zerstören, rufen wir Rumänen aus den Kriegsgräben der Freiheit zu: Hier kommt ihr nicht vorbei!“[273]

In einem Telegramm vom März 1937 der rumänischen Artilleriegruppe der XI. Internationalen Brigade an den ehemaligen rumänischen (nichtkommunistischen) Außenminister Nicolae Titulescu kommt diese Haltung auch ganz deutlich zum Ausdruck:

„Die rumänische Artilleriegruppe der spanischen republikanischen Armee, welches auf fremdem Boden für soziale Gerechtigkeit, Freiheit und den Weltfrieden kämpft, sendet Ihnen, dem großen Staatsmann, unsere Grüße! [...] Wir, die echten Söhne Rumäniens, sind in das Spanien der Volksfront gekommen, um mit der Waffe in der Hand unser nationales Gut und die Zukunft unseres Volkes zu verteidigen. Der eiserne Widerstand der jungen republikanischen Armee an der Front des Jarama und die siegreiche Offensive in Guadalajara, an denen wir auch teilgenommen haben, waren gleichzeitig zwei Siege für die Sicherheit unseres Landes und für die nationale Unabhängigkeit Rumäniens.“[274]

Der Krieg war auch mit schwierigen Situationen verbunden:

„Wir befinden uns hier im Feuer der Hölle. Der Tod lauert uns allen auf, wir denken aber nicht daran. Wir sind die Gesandten der rumänischen revolutionären Bewegung. Wir wollen dem gewachsen sein. Ein Salut an die Arbeiter der Eisenbahnen.

---

[272] ANR, Mikrofilm 1-106-101-82-423.
[273] Roman, Cavalerii, S. 195/196. Manifest der rumänischen Interbrigadisten vom 15. März 1937. Aus: Arhiva CC a PCR, fond 101, dos. 7722, f. 92. –
[274] Ebenda, S. 199/200.

Genossen, ihr müsst wissen, dass unser Arm keine einzige Sekunde lang zittern wird!"[275]

Die Selbstwahrnehmung der rumänischen Freiwilligen war während des Bürgerkriegs und auch danach immer von der Gewissheit geprägt, dass sie, als Stellvertreter für ganz Rumänien, für die Unabhängigkeit des Landes und für das Ideal des Kommunismus zu kämpfen hatten. Ihre Verbundenheit mit dem Heimatland zeigte sich bei jeder Gelegenheit, so auch in einem Appell durch Radio Barcelona 1938, in dem die Analogie der Gefahr des Faschismus wiederholt wurde:

> „Die rumänischen Freiwilligen kämpfen auf den Feldern in Kastilien, die sie an die Walachei erinnern, auf der Erde Aragons, die sie an die Moldau erinnern und auf den Wegen Kataloniens, die sie an Siebenbürgen erinnern. [...] Der Faschismus versucht heute, Spaniens mächtig zu werden. Morgen ist die Tschechoslowakei an die Reihe. Übermorgen wir. Das Retten Spaniens bedeutet das Retten von Rumänien. Lasst uns alle gemeinsam den hungrigen Faschismus aufhalten!"[276]

Die Verluste in den rumänischen Gruppen waren vor allem während des Jahres 1938 sehr hoch. Von der Artilleriegruppe „Gheorghe Gheorghiu-Dej" überlebte nur etwa die Hälfte der Freiwilligen; die anderen fielen im Spanischen Bürgerkrieg und an anderen Fronten gegen den Faschismus. „Denn der Krieg in Spanien war nur der Anfang des bewaffneten Kampfes gegen diesen grausamen Feind der Menschheit. Diejenigen, die lebend aus dem ersten Aufeinandertreffen herauskamen, boten ihm später erneut die Stirn, in Frankreich, der Sowjetunion oder anderen Ländern."[277]

Gefallene (rumänische Spanienkämpfer)	
Während des Krieges in Spanien	63
Hingerichtet in Spanien (Verräter)	2
In den Lagern in Spanien, 1939	6
In den Lagern in Frankreich	5

---

[275] Brief von Mihai Burcă, in: Adorian, Voluntari, S. 160. Aus: „Scânteia", Februar 1938.
[276] Ebenda, S. 208. Ohne Angabe der Quelle.
[277] Roman, Cavalerii, S. 211.

Im KZ Mauthausen	3
Im KZ Auschwitz	2
Anderswo (ohne Angabe)	4

Tabelle 5: Gefallene und Ort ihres Todes[278]

6.4. Spanien im Herzen

Wie das der Fall für alle Einheiten der Internationalen Brigaden war, wurden auch die rumänischen Gruppen mit spanischen Soldaten ergänzt Bei den meisten internationalen Einheiten war es ein Grund zur Spannung, wie im Kapitel 3.3. vermerkt. Für die rumänischen Gruppen trat genau das Gegenteil ein. Die wichtigste Ursache dafür war, dass sich Rumänen und Spanier auf die gemeinsamen lateinischen Wurzeln besinnten und keine großen Verständnisschwierigkeiten hatten. Durch die Ähnlichkeit der Sprache und der Kultur konnten schneller Gespräche und Beziehungen geknüpft werden.

> „Abends kamen die spanischen Infanteristen, um sich mit uns zu unterhalten. Eine Zigarette, ein Feuer, eine Meinung zu den Geschehnissen des Tages... Dann legt ein Spanier die Waffe beiseite und holt seine Gitarre heraus."[279] Die Regel war auch, dass die Rumänen ihre Pakete, die sie aus Frankreich vom Hilfskomitee oder gar aus Rumänien bekamen, mit ihren Kameraden teilten und auch mit den Spaniern. Sie lernten schnell die spanische Sprache und bewunderten nicht nur die spanische Kultur (Valter Roman schreibt in seinem Buch oft über die großen Schriftsteller und Maler Spaniens, über die überwältigende Architektur und die schöne Musik), sondern auch die Bewohner des Landes. „Tapfer bis zur Aufopferung, hungrig nach Freiheit und einem besseren Leben, gaben unsere spanischen Kameraden den höchsten Bluttribut für ihre Heimat."[280]

Die ersten Begegnungen mit der Bevölkerung fanden nach der Überquerung der spanisch-französischen Grenze statt. Die Ausländer, die als Freiwillige für die Internationalen Brigaden nach Spanien kamen, wurden mit Wein und Früchten von den Spaniern empfangen, das berichten alle Rumänen. Während der Belagerung von Madrid lernten die Interbrigadisten eine andere Seite der Bevölkerung kennen:

---

[278] ANR, Mikrofilm 1-106-101-82-423, f. 557-592.
[279] Roman, Cavalerii, S. 209.
[280] Anghel, Haralampie: In apărarea Teruelului. [Die Verteidigung von Teruel]. In: Adorian, Voluntari, S. 301.

„Bemerkenswert, diese scheinbare Gleichgültigkeit der Madrilenen und Barcelonesen gegenüber den täglichen Bombenangriffen, die manchmal Stunden lang anhalten. Es ist weder die Gewöhnung daran, noch das Aufgeben davor. Es ist Verachtung, aber ohne Emphase, ohne Schreie. [...] Es ist ein Zeichen der typisch spanischen Würde."[281]

Ein anderer Rumäne, der an den Kämpfen in Madrid teilgenommen hatte, beschrieb die Madrider Bevölkerung mit positiven Worten, lobte deren Eifer und Verteidigungswille, aber auch deren Freundlichkeit.[282]

In der guten Tradition der Internationalen Brigaden halfen deren Mitglieder in den Dörfern mit, in denen sie während der Ruhepausen einquartiert wurden. Von den Rumänen ist nicht bekannt, dass sie Probleme mit der einheimischen Bevölkerung gehabt haben.

„Auch mit der Zivilbevölkerung verbanden uns freundschaftliche Beziehungen, charakterisiert durch eine starke internationalistische Ausrichtung. Je enger unsere Kontakte zur Bevölkerung wurden, desto mehr lernten wir die wunderbaren Eigenschaften des spanischen Volkes kennen: die Großzügigkeit, seinen ehrenvollen Stolz, den ausgeprägten Sinn für Gerechtigkeit, die Aufrichtigkeit, die Aufopferungskraft und den Mut."[283]

Die Rumänen organisierten auch Dorffeste und verschiedene kulturelle Veranstaltungen, bei denen sie die rumänische Volksmusik zum Besten gaben. Ihre Aufgaben sahen sie auch darin, der Bevölkerung wirklich zu helfen: „Wir halfen bei der Ernte mit, reparierten Maschinen und Werkzeuge für die Landwirtschaft, Bewässerungsanlagen, halfen in den Kinderhorten mit."[284]
In wie fern diese Aktionen von Oben verordnet waren, war nicht zu bestimmen. Es liegt aber die Vermutung nahe, von der Art und Weise, wie in den Memoiren die Wahrnehmung bezüglich der Spanier wiedergegeben wird, dass die Freiwilligen diese Tätigkeiten mit Freude ausübten. Es war letztendlich auch eine Möglichkeit, aus der militärischen Tagesroutine auszubrechen.

Erstaunlich war für die Rumänen, dass viele der Spanier nicht lesen und schreiben konnten. Die Begründung dafür: „Dieses, weil in Spanien, wie auch in

---

[281] Petre Iosif, La despedida [span.: Der Abschied], in Adorian, Voluntari, S. 410.
[282] Adorian, S. 274-275.
[283] Ebenda, S. 227.
[284] Ebenda.

Rumänien, die großen Massen der Bevölkerung in Dunkelheit unter dem Joch der Grundbesitzer und der Bourgeoisie gelebt hatten."[285] Alle Freiwilligen, die in dem Memoirenband von Adorian über ihre Erfahrung im Bürgerkrieg berichteten, zogen Vergleiche zwischen Spanien und der rumänischen Heimat und zwischen den beiden Völkern, vor allem in gesellschaftlicher und geographischer Hinsicht, aber auch was ihr historisches Schicksal angeht. Beide mussten Könige ertragen, Rumänien außerdem Fremdherrschaften, und in beiden Ländern war das Proletariat machtlos.[286]

Was die politischen Verhältnisse im Spanien des Bürgerkriegs angeht, so kann man nicht behaupten, dass die Sicht darauf durch die vergangene Zeit getrübt wurde. Allen Freiwilligen ist es gemeinsam, dass sie mit Nachdruck eine einzige Meinung vertraten. Die Sicht über die politischen Optionen der spanischen Bevölkerung erscheint einseitig geprägt, denn es wurde allgemein als republikanisch gesinnt betrachtet; nur die faschistischen Generäle waren die Unruhestifter und handelten wider das Volk. „Die Frauen und die so würdevollen Alten hassten die Aufständischen. Sogar die Kinder ballten die Fäuste, wenn sie den Namen Francos hörten."[287] Die Aufteilung der Spanier in „aufständische Militärs" und den Rest der Bevölkerung zeugt davon, wie wenig sie sich eigentlich mit den Gegnern befasst hatten, oder aber davon, wie gut die politische Propaganda in den Internationalen Brigaden funktionierte.

Die Stellung des Partido Comunista Español erscheint, in diesem Kontext, auch als übertrieben wichtig, was aber im Endeffekt nicht den Tatsachen entsprach. Der PCE war weder der Initiator der Interbrigaden, noch hatte er in Wirklichkeit eine extrem wichtige Rolle in der spanischen Politik. Die Überbewertung des PCE ging einher mit einer negativen Sicht über die Anarchisten, die als ordnungsloser Haufen und als Verräter betrachtet wurden, weil sie immer noch auf die Weltrevolution bestanden und sich nicht den Kommunisten anschließen wollten.[288]

Aus allen Memoirentexten wird ersichtlich, dass die rumänischen Freiwilligen die sozialen Veränderungen in Spanien wahrnahmen. Dieses sei eine authentische sozial-politische Revolution gewesen und reichte von der

---

[285] Roman, Cavalerii, S. 259.
[286] Ebenda, S. 210.
[287] Ebenda, S. 123.
[288] Ebenda, S. 93.

Mitarbeit der Kommunisten in einer demokratischen Bewegung bis hin zur Selbstverwaltung und Selbstorganisation in den spanischen Dörfern. Die Mitarbeit der Massen und das Selbstbestimmungsrecht der Arbeiter waren für die Rumänen prägende Erfahrungen. So wurde die wichtigste Lehre, die sie aus dem spanischen Bürgerkrieg mitnahmen, die Notwendigkeit der Verbindung des Kampfs für nationale Unabhängigkeit mit dem sozialen und kulturellen Fortschritt des Landes einerseits und mit der Emanzipation der Arbeiterklasse andererseits. Die von ihnen in Spanien erlebte wichtige nationale Funktion der Arbeiter sollte sie zutiefst prägen und ihnen den Kommunismus als gelebte Möglichkeit offenbaren.[289]

Der Grundtenor in der Beschreibung Spaniens und der Spanier bleibt aber die idealisierte Ähnlichkeit mit Rumänien und dem rumänischen Volk. Der Mut, die Lebensweise, die Gastfreundschaft wurden, laut eigenen Angaben, den rumänischen Freiwilligen bei jeder Begegnung mit Spaniern zuteil. Höhepunkte dieser Begegnungen waren die Treffen mit der „Pasionaria" Dolores Ibárruri, der weiblichen Leitfigur des spanischen Bürgerkriegs, und mit dem Violinisten Pablo Casals.[290] Solche Erfahrungen trugen zum Idealismus bei, welches sich in und um Spanien bemerkbar machte und von welchem auch die Rumänen angesteckt wurden. „Die Atmosphäre in Spanien, das Leben an der Front, der lebendige Kontakt mit der Heldenhaftigkeit, der Selbstverleugnung, dem Enthusiasmus, mit der Ehrenhaftigkeit und der Würde" war ein „erhöhender und überwältigender Wirbel".[291] Dieser Idealismus ist in der Berichterstattung der Memoiren sehr deutlich, wie schon in der Einleitung und im vorhergehenden Kapitel gezeigt wurde. Auch wenn Selbstlegitimierung und kognitive Dissonanz eine große Rolle in solchen zeitlich versetzten Erinnerungen spielen, so ist der Faktor des Idealismus trotzdem nicht zu unterschätzen, da dieser in der Kriegssituation in Spanien, in der sich die Freiwilligen befanden, maßgeblich gewesen ist für die Art und Weise, wie sie handelten und sich selbst wahrgenommen haben.

---

[289] Ebenda, S. 43 und 49-50.
[290] Adorian, Voluntari, S. 340-350.
[291] Roman, Cavalerii, S. 25.

6.5. Verteidigung Kataloniens

Nach dem Rückzug der Internationalen Brigaden im Oktober 1938 wurden viele Rumänen in Lager des Militärs in Katalonien, in der Nähe von Barcelona, als Zivile einquartiert. Sie nutzten die Zeit, um mehr Kontakte untereinander und mit der dortigen Bevölkerung zu knüpfen. Außerdem versuchten sie, ihre Rückreise zu organisieren und kümmerten sich deswegen vermehrt darum, Informationen über die politische Lage in Rumänien zu erhalten. Von der Rumänischen Kommunistischen Partei erhielten sie, mit der Hilfe des Spanienkomitees aus Paris, die illegal gedruckten Zeitungen und Broschüren der Partei.[292]

Da sich aber die Situation in Rumänien kaum zu ihren Gunsten zu entspannen sondern sich zunehmend zu verschärfen schien, waren sie froh, als die spanische republikanische Regierung angesichts der großen Gefahr, die Katalonien drohte, die Interbrigadisten doch noch aufrief, erneut Bataillone zu bilden und Katalonien zu verteidigen. Dieser Ruf erfolgte im Januar 1939 und fast alle Rumänen meldeten sich erneut als Freiwillige.[293] Es wurde, unter der Führung von Valter Roman, eine internationale Artillerieeinheit gebildet. Die Artilleristen verfügten aber über keine Waffen – diese waren zwar von der Sowjetunion an die Republik geschickt worden, wurden aber an der französischen Grenze festgehalten.[294] So war die Artillerieeinheit faktisch eine Infanteriegruppe. Ihre Aufgabe war es, den Grenzweg nach Frankreich zu bewachen.[295]

Die rumänischen Freiwilligen halfen nach dem Fall von Barcelona und Katalonien auch bei der Evakuierung der flüchtenden spanischen Bevölkerung über die französische Grenze. Massen von Menschen versuchten, über die Grenze zu gelangen; auf der Verbindungsstraße Junquera-Figueras in Richtung Frankreich gab es regelrechte Menschen- und Autokolonnen. Es sollen sich dabei dramatische Szene abgespielt haben, denn die Verzweiflung der Menschen

---

[292] Adorian, Voluntari, S. 325-329.
[293] Ebenda.
[294] Howson, Arms for Spain, S. 242.
[295] Adorian, Voluntari, S. 423.

war groß. Roman spricht dabei von einem „pathetischen" Rückzug der Menschen und der Armeeeinheiten.[296]

„Mit Schmerz im Herzen trennten wir uns von diesem kämpfenden Spanien! Aber keinen Augenblick lang haben wir aufgehört, an seine Zukunft, an die Zukunft des tapferen spanischen Volkes zu glauben!"[297]

---

[296] Roman, Cavalerii, S. 361-363.
[297] Anghel, In apărarea, in: Adorian, Voluntari, S. 301.

7. Ausblick – Die Zeit nach 1939

7.1. „There was nothing there, [...] just the sea in front of us"[298]

Am französischen Strand endete der Kampf in Spanien. „Der erste Eindruck, denn wir hatten, war schon deprimierend. Dort standen die gardes mobiles, das ist die französische Gendarmerie, und brüllte uns an, dass wir unsere Waffen ablegen sollten, die wurden dann alle auf einen Haufen geworfen, und trieben uns wirklich wie Vieh auf die Straße, die bewacht war von Gendarmen, bis an die Mittelmeerküste [...]."[299]

Auf den Abschied aus Spanien folgte die bittere Wirklichkeit der südfranzösischen Konzentrierungslager, in welche die Flüchtlinge des Bürgerkriegs aufgefangen und eingesperrt wurden, Zivilbevölkerung wie Soldaten und Interbrigadisten, darunter auch die Rumänen. Es waren die Lager von Argelès-sur-Mer, Saint Cyprien, Gurs, Le Vernet und Djelfa. Meistens am Strand eingerichtete Holzbaracken boten wenig Schutz vor Kälte, Regen oder Hitze; auch die Sanitäreinrichtungen ließen viel zu wünschen übrig, falls überhaupt vorhanden. Das eigentlich Schlimme war aber, dass die Lager total überfüllt waren. Auf den Internetseiten der ehemaligen Konzentrationslager in Südfrankreich kann man die Liste der Inhaftierten einsehen - das KZ in Gurs beherbergte 6808 ehemalige Freiwillige der Internationalen Brigaden aus insgesamt 52 Ländern.[300]

Argelès-sur-Mer und Saint Cyprien waren die ersten benutzten Auffanglager, im Februar 1939 eröffnet. Sie lagen direkt am Strand und waren für so viele Insassen gar nicht geeignet – in Argelès wurden etwa 65.000 Flüchtlinge aufgenommen, in St. Cyprien über 70.000. Das Lager von Le Vernet befand sich nicht am Strand, sondern im Gebirge. Es galt als eines der härtesten Lager in Frankreich, da es als Straflager konzipiert worden war. Hier befanden

---

[298] Interview mit Pablo Escribano (interniert nach 1939 in Lager in Südfrankreich und ab 1941/42 im KZ Mauthausen). Interview-Reihe mit Überlebenden des KZ Mauthausen, Österreich, einsehbar unter http://www.mauthausen-memorial.at [15.12.2006].

[299] Aussage von Heinz Priess, einem ehemaligen Spanienkämpfer aus Deutschland, in: Dokumentation „Die Internationalen Brigaden – Freiwillige im spanischen Bürgerkrieg". Arte / SDR 1996.

[300] http://gurs.free.fr/histoire.html [05.03.2006].

sich meist politische Gefangene, Auffällige und hochrangige Kommunisten. Es beherbergte 2000 bis 5000 Insassen; viele auch ehemalige Interbrigadisten.[301]

Abbildung 7: Mahntafel beim Eingang des ehemaligen KZ Le Vernet.[302]

Von Seiten der Rumänen gibt es bisher keine erfassten ausführlichen persönlichen Berichte über die Zeit in der französischen Lagerhaft. Die Erfahrung aller Lagerinsassen, gleich welcher Nation, darf aber ähnlich gewesen sein. So erzählt Pablo Escribano, ehemaliger Soldat in der spanischen republikanischen Armee, dass man in Frankreich im Februar 1939 gar nicht darauf vorbereitet war, so viele Flüchtlinge aufzunehmen. Die „Auffanglager" waren nicht organisiert worden, es herrschte Chaos und viel zu viele Leute wurden in einem Lager interniert. Offiziell handelte es sich um „Auffang- und Akkomodationslager", in der Praxis waren es aber streng bewachte, mit Stacheldrahtzaun umgebene Konzentrationslager. Für die Einheimischen der Küstendörfer waren die Flüchtlinge eine Art Attraktion, welche man sonntags

---

[301] Stein, Louis: Beyond Death and Exile. The Spanish Republicans in France, 1939 – 1955. Cambridge/ London 1976, Seiten 55-74.

[302] Quelle: http://golm.rz.uni-potsdam.de/Seghers/frankreich/Besonderheitem.htm [05.03.2006]. Der Text der Tafel: „Camp du Vernet D´Arriège. Ici se trouvait le camp de concentration du Vernet d´Arriège. Dans ce camp 4000 républicains espagnols ont été internés dès 1939. De 1940 à 1944, ce camp fut classé camp de repression et destiné aux résistants et opposants politiques d´origine étrangère. Environ 40.000 hommes, femmes et enfants y ont été internés. Des volontaires des Brigades Internationales de la guerre d´Espagne, des républicains espagnols, des israelites, des italiens, russes, allemands antinazis, roumains, yougoslaves, et 10 autres nationalités. De ce camp sont partis en déportation entre 1942 et 1944, six convois vers Auschwitz, Ile d´Avrigny, et Dachau. 153 tombes restent encore dans ce cimetière et y reposent à jamais des espagnols, russes, polonais, italiens, yougoslaves, arméniens, tcheques, chinois, portugais, hongrois, roumains et autres nationalités, pour avoir lutté contre le génocide et défendu la liberté et la paix des peuples."

mit der gesamten Familie besichtigen ging. Oft wurden die Lagerinsassen zum Arbeiten in der Landwirtschaft eingesetzt. Wenn die französische Organisation vieles zu wünschen übrig ließ, vor allem im sanitären Bereich (die Latrinen waren in einem schrecklichen Zustand), so war die interne Organisation der Lager, die von den Flüchtlingen selbst geleitet wurde, relativ straff. Es gab klare Hierarchien, jede Nation hatte ihre kommunistischen Sprecher und von diesen wurden die Barackensprecher gewählt. Außerdem gab es eine Art Volkshochschule in den Lagern: Alle, die gewisse Berufe oder Sprachen besonders gut beherrschten, gaben diese an interessierte Lagerinsassen weiter.[303]

Der spanische Schriftsteller Max Aub beschreibt in seinem literarischen Werk „Am Ende der Flucht" seine Erlebnisse während der Lagerhaft in Le Vernet und Djelfa (letzteres in Algerien). Die Inhaftierten wurden demütigend und rücksichtslos behandelt; die „rebellischeren" wurden dann durch einen Beschluss des französischen Innenministeriums 1941 in das KZ Djelfa in Algerien versetzt, wo sie bis zu ihrer Befreiung durch britische Truppen am Bau der Transsahara-Bahn arbeiten mussten.[304] Durch Dokumente im rumänischen Nationalarchiv ist bekannt, dass auch einige rumänischen Interbrigadisten in Djelfa interniert wurden, nachdem sie schon in Argelès und Gurs gewesen waren. Sie wurden vom 338. (Alien) Pioneer Corps der britischen Armee befreit.[305]

Auch die rumänischen Freiwilligen klagten über die schlechten Verhältnisse in den Lagern. So erwähnt beispielsweise Iosif Nedelcu in seinem Beitrag zum 1971 erschienenen Memoirenband, dass in den Holzbaracken in Gurs im Winter 1939/1940 teilweise bis zu −5 Grad waren, zudem bei unausreichender Ausstattung mit Kleidung und Decken.[306] In einem Brief aus Gurs schrieb Miron G. an Uscher Finkelstein: „Leider steht die Welt Kopf. Gerade wir, die wir ein anderes Schicksal verdient hätten, sitzen hier fest in Konzentrierungslagern."[307]

---

[303] Interview mit Pablo Escribano.
[304] Aub, Max: Am Ende der Flucht. Frankfurt am Main 2002, S. 236. [Titel der spanischen Originalausgabe: Campo francés]
[305] ANR, Mikrofilm 1-106-101-82-423.
[306] Nedelcu, Din nou pe front, in: Adorian, Voluntari, S. 429.
[307] ANR, Mikrofilm 1-106-101-82-423. Der Brief ist undatiert und es steht nicht fest, ob er innerhalb des gleichen Lagers oder von einem anderen Lager aus versandt wurde.

Das größte Problem war, dass die rumänischen Freiwilligen, wie auch ihre tschechischen, deutschen oder jugoslawischen Kollegen, nicht in ihre Heimatländer zurückkehren konnten. Dort herrschten autoritäre Regierungen, von denen sie mit Sicherheit verfolgt worden wären. Ihr Wunsch war es aber trotz allem, nach Rumänien zurückkehren zu dürfen. Nach Aussage eines ehemaligen Interbrigadisten, Basil Şerban, warteten die meisten nur auf einen Anlass, um aus dem Lager zu fliehen und illegal nach Rumänien zurückzukehren. Der Gruppenzusammenhalt scheint aber sehr groß gewesen zu sein, wie auch die Autorität der kommunistischen Führer, denn

> „die Leitung der rumänischen KP im Lager und vielleicht auch die in Paris setzte all diesen Anfragen ein entschiedenes Veto entgegen, das durch eine Losung und durch eine Aktion untermauert wurde. Die Losung war 'Wir müssen alle zusammen legal nach Rumänien zurückkehren`. Die Aktion bestand in einem gemeinsamen Brief, der von 150 rumänischen Freiwilligen unterschrieben und an die rumänische Botschaft in Paris geschickt wurde".[308]

Am 22. März 1939 schrieben die rumänischen Spanienkämpfer aus dem südfranzösischen Lager St. Cyprien an den Botschafter Rumäniens in Paris, Gheorghe Tătărăscu. In ihrem Brief, der ein paar Tage später vom Botschafter an den Außenminister Grigore Gafencu nach Bukarest weitergeleitet wurde, unterstrichen sie die herausragende Leistung des Kampfes der Internationalen Brigaden gegen den Faschismus und äußerten den Wunsch, auch in Rumänien zu diesem Kampf beitragen zu können. Es handelte sich also um den Wunsch, nach Rumänien zurückkehren zu dürfen. Dabei erklärten sie auch, was in ihrer Sicht zur Demokratisierung Rumäniens beitragen könnte: mehr Freiheiten für alle Bürger, Amnestie für die antifaschistischen Kämpfer, gleiche Rechte für alle Völker in Rumänien, sowie eine demokratische Regierung und Maßnahmen gegen die Rechte.[309] Auch in Rumänien wurde versucht, durch Briefe und Kampagnen in der linken Presse, auf das Schicksal der rumänischen Spanienkämpfer in Frankreich aufmerksam zu machen. Im Juli 1939 erschien in der Zeitschrift „Igazság", Organ des ungarischsprachigen Flügels der RKP, ein

---

[308] Şerban, Basil: Les interbrigadistes roumains dans la Résistance, S. 169, in : Bartosek, Karel/ Gallisot, René/ Peschanski, Denis (Hgg.) : De l'exil à la résistance. Réfugiés et immigrés d'Europe Centrale en France, 1933-1945. Paris 1989.
[309] Adorian, Voluntarii, S. 566. Aus: Arhiv des ZK der RKP, Fond 101, U.P., F. 67.

Artikel, der die Leser dazu aufrief, Geld zu spenden, damit die „Helden unseres Landes, die mutigen Söhne des rumänischen Proletariats", nach Hause zurückkehren konnten.[310]

Im Juli 1939 schrieben die Familien der in Frankreich inhaftierten rumänischen Spanienkämpfer ein Gesuch an den damaligen Premierminister, Armand Călinescu, mit der Bitte, die Heimkehr ihrer Söhne und Männer zu veranlassen und zu unterstützen. Zu der Zeit befanden sich in den südfranzösischen Konzentrationslager etwa 300 Rumänen. Die Folge des Gesuchs war aber keineswegs die Heimkehr, sondern der Vorschlag des Ministers, die Namen der Freiwilligen in Erfahrung zu bringen und ihnen die rumänische Staatsanghörigkeit abzuerkennen. In Handschrift steht auf dem o.g. Gesuch: „Ich schlage vor, in diesem Fall die bestehenden Gesetze anzuwenden bezüglich auf rumänische Bürger, die sich ohne vorherige Befugnis in eine fremde Armee eingeschrieben haben."[311]

Die Sicherheitspolizei stellte Listen mit denjenigen zusammen, die nach Spanien gegangen waren. Die Folge war, dass diese Listen von der Polizei über die Präfekten der Kreise an die Regierung gelangten, die veranlasste, dass den in den Listen erfassten Personen die rumänische Staatsangehörigkeit aberkannt wurde. Im Bericht der Polizeidirektion Bukarest an den Präfekten von Bukarest, vom 23.9.1940 wird vermerkt:

„Wir haben die Ehre, Ihnen beiliegend eine nominelle Liste mit den rumänischen kommunistischen Freiwilligen aus Bukarest zu senden, die im Spanienkrieg in den Reihen der roten Armee gekämpft haben und zur Zeit im Lager Gurs in Frankreich interniert sind. Wir bitten Sie, die nötigen Nachforschungen anzustellen, um die klare Identität eines Jeden zu bestätigen, so dass man beim Justizministerium die Aberkennung der Staatsangehörigkeit beantragen kann, weil sich diese Personen bei einer fremden Armee verpflichtet haben, ohne vorherige Autorisierung durch den rumänischen Staat. Wir bitten Sie, uns das Ergebnis so schnell wie möglich mitzuteilen, damit wir es an das Innenministerium weiterleiten können."[312]

---

[310] Ebenda, S. 568. Aus: „Igazság" Nr. 1, Cluj, Juli 1939.
[311] ANR, Mikrofilm 1-106-101-82-423.
[312] Adorian, Voluntarii, S. 570. Aus: AIHSS, F. Xi, D. 16, F. 36.

Am 4. Februar 1941 wurden schon die Maßnahmen der rumänischen Legation in Vichy durch eine Note des Außenministeriums bekannt gegeben: Den rumänischen Spanienkämpfern wurde

„auf der Basis des Art. 40, § 2 des Gesetzes über die rumänische Staatsangehörigkeit, [...] ihre Eigenschaft als rumänische Bürger" aberkannt. Sie „wurden dem Justizministerium gemeldet, damit sich das Ministerkonzil zu dieser Tatsache aussprechen kann. Bis zur Entscheidung des Konzils zum Löschen dieser Personen aus den Registern der Staatsangehörigkeitsakten und den Armeeakten, wäre es von Vorteil, wenn Sie auch über diese Listen verfügen. Dieses für den Fall, dass eine dieser Personen bei Ihnen staatlichen Schutz oder das Ausstellen von Reisedokumenten beantragt. [...] Bitte teilen Sie uns solche Fälle unverzüglich mit."[313]

7.2. Verschiedene Wege

Infolge der Verordnung des rumänischen Außenministeriums mussten die Rumänen in den Konzentrierungslagern in Südfrankreich bleiben. Einige der führenden rumänischen Kommunisten, die in den 30er Jahren in die UdSSR gegangen waren, die deswegen auch die sowjetische Staatsangehörigkeit besaßen, konnten entlassen werden und durften nach Moskau reisen. In die UdSSR durften auch diejenigen reisen, die beweisen konnten, dass sie aus Bessarabien stammten. Im Juni 1940 hatte nämlich die sowjetische Regierung die Rückgabe Bessarabiens, welches von 1812 bis 1918 unter russischer Herrschaft gewesen war, von der rumänischen Regierung angefordert. Infolge des Drucks musste König Carol II. nachgeben. Von der RKP wurde erstens der sowjetische Vorstoß nicht als ungerechtfertigt empfunden, zweitens nutzte sie die Gelegenheit, ihren aus diesen Gebieten stammenden Mitgliedern nahe zu legen, die sowjetische Staatsangehörigkeit anzunehmen.

So kam es, dass auch auf diesem Wege einige der rumänischen Freiwilligen aus den südfranzösischen Lagern um 1941 in die UdSSR reisten.[314] Darunter waren auch der Kommandant der rumänischen Artilleriegruppe in den Internationalen Brigaden, Valter Roman, sowie deren Politkommissar Petre

---

[313] Ebenda, S. 571.
[314] Tismăneanu, Stalinism, S. 80.

Borilă.[315] Roman arbeitete in Moskau in der Führung des rumänischen Radiosenders „Romănia Liberă" („Freies Rumänien"); andere Spanienkämpfer wurden Mitarbeiter dieses Senders oder der Komintern-Zentrale in Moskau. Ab Ende 1943 waren viele mit der Organisierung einer rumänischen Einheit der Roten Armee beschäftigt. Die Division „Tudor Vladimirescu" entstand am 15. November 1943, mit Ana Pauker als Politkommissarin. Sie bestand aus etwa 9000 Mann, die meisten aus den Gefangenenlagern mit dem Versprechen rekrutiert, so für ihre eigene Freiheit kämpfen zu können.[316] Im August 1944 marschierten diese Kontingente gemeinsam mit der Roten Armee in Rumänien ein.

Für die rumänischen Spanienkämpfer, die in den Konzentrationslagern in Südfrankreich geblieben waren, war das aber nicht der Fall. Nach der Niederlage Frankreichs und der zunehmenden Kollaboration des Vichy-Regimes mit Deutschland wurde es klar, dass die Lagerinsassen – zumindest diejenigen jüdischer Herkunft – ausgeliefert werden könnten. Deswegen, aber auch wegen der schrecklichen Bedingungen in den Lagern, versuchten immer mehr zu fliehen. Im Frühjahr 1941 nutzten sie die Trunkenheit der Wächter während eines Gefangenentransports aus und so gelang es mehreren Dutzend Rumänen, aus der Lagerhaft zu entkommen. Die meisten von ihnen tauchten unter und wurden unter falschen Namen Mitglieder der Résistance-Gruppen der FTP-MOI (Francs-Tireurs Partisans / Main-d´Œuvre Immgreé) in Südfrankreich und der Region Paris. Die bekannteste unter diesen Gruppen, in der auch ein Détachement mit Rumänen war, war die Gruppe Holban-Manouchian. Viele der rumänischen Spanienkämpfer starben bei Attentaten auf die deutsche Wehrmacht oder wurden von der französischen Polizei verhaftet und hingerichtet oder an die Wehrmacht ausgeliefert, die sie in die Konzentrationslagern von Mauthausen oder Auschwitz internierte.[317]

Eine Ausnahme stellten diejenigen ehemaligen rumänischen Spanienkämpfer dar, die nach ihrer Flucht aus dem Konzentrationslager trotz aller Gefahren illegal nach Rumänien zurückkehrten. Einer davon war Nicolae

---

[315] Levy, Ana Pauker, S. 240.
[316] Tănase, Clienţii, S. 313.
[317] Courtois/Peschanski/Rayski, L´Affiche Rouge, S. 112-115, 133-134. Zu den Opfern in den nationalsozialistischen Konzentrationslagern siehe auch Tabelle 5 in Kapitel 4.4. Offenbar überlebten nur 4 Rumänen die KZs. Şerban, Les interbrigadistes, S. 171.

Pop, den aber die rumänische Polizei an der rumänischen Grenze gleich verhaftete, weil er aus der rumänischen Armee desertiert war, um nach Spanien zu gehen. Zusammen mit anderen Sträflingen wurde er an die sowjetische Front geschickt, wo er während des Versuchs, auf die sowjetische Seite zu fliehen, umkam.[318] Andere wenige, die auch nach Rumänien zurückkehrten, wurden ebenfalls verhaftet und verbrachten die Zeit bis zum Kriegsende in Gefängnissen oder Arbeitslagern.

Eine andere Ausnahme waren einige der rumänischen Ärzte, die im Dienst der Roten Hilfe nach China reisten. Dr. Jacob Kranzdorf aus Bukarest, Arzt in der 129. Interbrigade und später Chefarzt der Klinik für Venerologie des Krankenhauses von Moyá, verbrachte das Jahr 1939 auch im das Lager St. Cyprien. Dort erfuhr er, dass das Rote Kreuz Freiwillige suchte, die im Sanitätsdienst in China arbeiten wollten. Schon im September 1939 konnte er aus dem Lager gehen und fuhr nach Hong-Kong. Von Oktober 1939 bis Oktober 1945 arbeitete er für das chinesische Rote Kreuz, von 1945 bis 1948 für die „United Nations Relief and Rehabilitation Administration". Ende 1948 kehrte er nach Rumänien zurück.[319]

7.3. „Post tenebras, spero lucem"[320] – Aufbau und Verrat des Kommunismus

„Viele und bemerkenswerte Taten vollbrachten die Freiwilligen des rumänischen Artillerieregiments an der Front am Ebro. Sie bewiesen ihre Hingabe für diesen Kampf, den sie führten, und auch ihren Aufopferungswillen. Viele dieser Taten wurden aber während vieler Jahre vergessen."[321] Wieso wurden aber diese vergessen? Die Internationalen Brigaden waren doch insgesamt das erfolgreichste Projekt der Komintern und auch der Rumänischen Kommunistischen Partei.

---

[318] Roman, Cavalerii, S. 271.
[319] ANR, Mikrofilm 1-106-101-82-423. Durch andere Hinweise in den Dokumenten ist es wahrscheinlich, dass Dr. Kranzdorf nicht der einzige rumänische Arzt war, der dieses Angebot des Roten Kreuzes annahm.
[320] [lat. : Nach der Dunkelheit erhoffe ich das Licht] Motto von Miguel Cervantes' "Don Quijote de la Mancha", zitiert von Roman, Cavalerii, S. 375.
[321] Ebenda, S. 320.

Wie im vorigen Kapitel schon gesehen, gab es zwei große Gruppen der ehemaligen Spanienkämpfer: diejenigen, die die Zeit des zweiten Weltkriegs in Moskau verbracht hatten und diejenigen, die in der französischen Résistance gewesen waren. 1944 und spätestens 1945 kehrten sie wieder in das von der „glorreichen Roten Armee" „befreite" Rumänien zurück, um ihren Beitrag zum Aufbau des Kommunismus zu leisten. Für dieses Ideal hatten sie all die Jahre gekämpft; nun konnte es endlich Wirklichkeit werden. Man kann davon ausgehen, dass sie alle zu diesem Zeitpunkt überzeugte Kommunisten waren; dass sie sich selbst als Pioniere ansahen, die sich nun der Aufgabe stellten, eine neue Gesellschaft aufzubauen.

Die meisten von ihnen, die schon in den 30er Jahren wichtige Funktionen in der kommunistischen Partei innehatten, wurden auf hohe Positionen in Armee, Sicherheitsdiensten oder Ministerien befördert. Darunter waren auch vielen Spanienkämpfer; allen voran Petre Borilă, Valter Roman, Mihail Patriciu oder Mihai Burcă.

Außerdem waren die ehemaligen Spanienkämpfer auch außerhalb ihrer offiziellen Parteipositionen aktiv. Sie gründeten den „Verein der Freunde des Demokratischen Spaniens aus Rumänien", den „Verein der ehemaligen Freiwilligen in der spanischen republikanischen Armee" und brachten für kurze Zeit auch eine Zeitschrift heraus, „Die Volontäre der Freiheit". Im März 1945 verlangten sie in einem Brief an die damalige pro-kommunistische Regierung unter Petru Groza die sofortige Beendigung der diplomatischen Beziehungen zu Spanien, was letztendlich auch geschah. Im Oktober 1945 organisierten sie eine Demonstration in Bukarest gegen das Regime Francos.[322]

1946 wurde das Gesetz 314/1946 verabschiedet, welches die Rechte ehemaliger rumänischer Freiwilliger aus der spanischen republikanischen Armee, aus den alliierten Armeen, aus den französischen Truppen, des französischen Widerstandes und der Partisanentruppen aus der Sowjetunion, aus Jugoslawien, Tschechien, Bulgarien und Belgien anerkannte. Der erste Artikel sah vor, dass „allen rumänischen Staatsbürgern, die in den Reihen der spanischen republikanischen Armee (1936 – 1939), der alliierten Streitkräfte (1939 – 1945), der französischen Armee und der Widerstandstruppen (1939 – 1944), der Partisanentruppen der Sowjetunion, Jugoslawiens, der

---

[322] ANR, Mikrofilm 1-106-101-82-423.

Tschechoslowakei und Belgiens, während des antifaschistischen Krieges eingegliedert waren, wird diese Zeit als erbrachten Wehrdienst im Auftrag des demokratischen Rumäniens anerkannt. Dieses mit der Bedingung, dass die zu den Zeitpunkt der Teilnahme die rumänische Staatsangehörigkeit besaßen."[323]

Insgesamt deutet es darauf hinaus, dass die rumänischen Spanienkämpfer eine Art internes Netzwerk in der RKP bildeten, eine eingeschworene Gemeinschaft, deren Bewusstsein nicht nur durch die Erfahrung von Gefängnis, Untergrund und Exil gekennzeichnet worden war, sondern außerdem durch die gemeinsam erlebte Erfahrung des spanischen Bürgerkrieges und der Jahre danach geformt wurde.[324] Dieses Netzwerk kam zwar der damaligen Führung der RKP unter Gheorghe Gheorghiu-Dej gelegen, konnte aber auf langer Sicht zu einer Gefahr werden. Ein Netzwerk mit anderen prägenden Erfahrungen und Werten konnte innerhalb des eigenen Systems nicht lange geduldet werden, vor allem wenn es sich dabei um eine relativ große Gruppe handelte. Außerdem waren noch persönliche Machtspiele entscheidend: Erstens zwischen der „rumänischen Fraktion" und der „Moskauer Fraktion", also zwischen denjenigen, die die Kriegsjahre in rumänischen Gefängnissen verbracht hatten, so auch Gheorghiu-Dej, und denjenigen, die in den 30er und 40er Jahren in Moskau gewesen waren (Ana Pauker beispielsweise). Zweitens hegte Gheorghiu-Dej noch persönliche Ressentiments: Während manchem seiner Kameraden zur Flucht aus dem Gefängnis und zum Weg nach Spanien

---

[323] Zitiert nach Roman, Cavalerii. Ohne Seitenzahl, ohne Quellenangabe.

[324] Tismăneanu, Stalinism, S. 102. Außerdem zum spanischen Bürgerkrieg als prägende Erfahrung für das Leben: Der rumäniendeutsche Schriftsteller Eginald Schlattner erwähnt in seinem autobiographischen Werk „Rote Handschuhe" den ehemaligen Spanienkämpfer Enric (vermutlich Heinrich) Tuchel. Dieser stammte aus einer deutschen Familie aus der Banater Gegend und war Arbeiter in der Industriestadt Reşiţa (Reschitz) gewesen. Bei seiner Rückkehr wurde er verhaftet und in das berüchtigte Gefängnis von Doftana gesteckt (wo vor 1945 die Parteispitzen der Kommunisten auch inhaftiert waren). Er war ein bekennender und überzeugter Marxist. 1956 war er Chefredakteur der deutschsprachigen Zeitschrift „Die neue Literatur". „In seinem Büroraum hing eine Fotokopie von Picassos Riesengemälde *Guernica*. Genosse Tuchel begrüßte jeden, der sein Büro betrat, selbst Damen und Putzfrauen und Schornsteinfeger, und Parteifunktionäre sowieso, mit der Frage: `Campesino, hast du vielleicht auch in der Internationalen Brigade in Spanien gekämpft?´ Und antwortete sogleich: `Nein, nein, so einer wie Sie hat in Spanien nichts verloren. Denn Sie und Ihresgleichen sind zu lauwarm für dorten. Beim Franco musste man brennen wie eine Fackel!´" Schlattner, Eginald: Rote Handschuhe. München 2003, S. 234-235.

verholfen wurde, musste er mehr als 10 Jahre im Gefängnis und in Arbeitslagern verbringen.

Seine Macht als Parteisekretär nutzte er dann im entscheidenden Augenblick, als Ende der 40er Jahre die Säuberungen und Schauprozesse in den kommunistischen Parteien der osteuropäischen Staaten begannen. Nach dem Prozess von Laszlo Rajk in Ungarn 1949 hatte man in Rumänien offenbar aus der Sowjetunion die Information erhalten, dass alle, die sich vor und während des zweiten Weltkrieges im westlichen Ausland aufgehalten hatten, Spionen und Agenten des Westens waren.[325] Die Repression gegen ehemalige Spanienkämpfer oder Kämpfer in der Résistance begann Ende 1949 im Ostblock und begleitete die allgemeine Repression, die vor und nach dem Prozess von Rudolf Slánský in der Tschechoslowakei stattfand.

Im Buch von Arno Lustiger zu den Juden im Spanischen Bürgerkrieg wird vermerkt, dass Rumänien nicht zu den kommunistischen Ländern gehörte, in denen ehemalige Interbrigadisten verfolgt wurden, sondern dass diese hohe Posten in der kommunistischen Hierarchie bekleideten.[326] Dieses stimmt so nicht. In Rumänien war es im Gegensatz zum restlichen Ostblock anfangs ruhig; manche Ehemaligen, wie z.B. Valter Roman, wurden von ihren Posten in der Armee entfernt, dann aber 1951 wieder eingesetzt.[327] Offenbar war es aber auch der Verdienst von Teohari Georgescu, zur damaligen Zeit Innenminister, der sich konstant geweigert haben soll, die Ehemaligen aus dem Spanischen Bürgerkrieg und der Résistance willkürlich zu verhaften. Als dieser aber 1952 dem Machtkampf zwischen der Moskauer und der rumänischen Fraktion der RKP zum Opfer fiel, Ana Pauker auch beseitigt wurde und Gheorghiu-Dej die Oberhand gewann, begannen Stimmen gegen die ehemaligen Veteranen laut zu werden. Man tuschelte im Präsidium der RKP

„[...] of the existence of certain groups that were engaging in acts of undermining the autority of Comrade Gheorghiu-Dej. [...] that Valter Roman, at that time general in the army, had frequent meetings with Boico, presently a general in the Interior

---

[325] Levy, Ana Pauker, S. 153 und 323. Die Information gründet auf einem Interview Levys mit Gaston Marin, sowie auf Akten aus dem Archiv des rumänischen Geheimdienstes Securitate. Arhiva Serviciului Român de Informaţii, fond P, Dos. 40002, Vol. 203, p. 299.
[326] Lustiger, Arno: Schalom Libertad! Juden im Spanischen Bürgerkrieg. Frankfurt am Main. 1989, S. 266-268.
[327] Levy, S. 154.

Ministry, and Colonel Dr. Brill and other Jewish comrades, and they often met with one another and spoke against Comrade Gheorghiu-Dej, how he is incapable of leading the party [...].”[328]

Es war der Anlass für Gheorghiu-Dej, sich nun auch der Gruppe der Spanienkämpfer zu entledigen, die wegen ihrem Zusammenhalt und ihrer Größe zu einer wirklichen Gefahr für ihn werden konnte. Einer nach dem anderen wurden die Spitzenrepräsentanten dieser Gruppe unter Verdacht des Verrats am Kommunismus und der Partei beseitigt und in verschiedene Prozesse gegen andere Persönlichkeiten der Rumänischen Kommunistischen Partei, meist noch aus der „alten Garde" der 30er Jahre verwickelt. Die systematische Repression gegen alle begann erst im Herbst 1952, als sie aus ihren Posten entfernt, verhört und verhaftet und nach einiger Zeit in minderwertige Posten wieder angestellt wurden – meistens als ungelernte Fabrikarbeiter. Im Hintergrund der allgemeinen Jagd nach Trotzkisten, Titoisten und Abweichlern hatte sich Gheorghiu-Dej auf elegante Weise aller seiner potentiellen Feinde entledigt.

1972 schrieb Valter Roman in der Einleitung zu seinem Memoirenbuch:

„Die Welt von heute ist nicht mehr diejenige der Jahre 1936-1939. Auch wir, die Überlebenden, sind nicht mehr dieselben. [...] Kann man über den Krieg in Spanien schreiben, ohne über die darauffolgenden Geschehnisse – in und außerhalb von Spanien – zu reflektieren oder sie zu erwähnen? Ist es gut, davon abzusehen, was später, in den Jahren 1949-1954 geschah, als viele der ehemaligen Freiwilligen der Freiheit, authentische Ritter der Hoffnung, unter Repressionen in ihrem eigenen Land zu leiden hatten? In der Heimat, für welche sie vor den Toren Madrids und in anderen Stätten des ewigen Spaniens gekämpft hatten?“[329]

Viele lange Jahre hörte man nichts mehr über die ehemaligen Spanienkämpfer; sie waren aus dem öffentlichen Leben und dadurch auch aus der allgemeinen öffentlichen Erinnerung beseitigt worden. Erst ab 1965, mit dem Aufstieg von Nicolae Ceaușescu, der den Machtmissbrauch von Gheorghiu-Dej anprangerte, wurden die Veteranen rehabilitiert. Es waren aber schon so viele Jahre vergangen, dass die Rehabilitierung für viele zu spät kam. Sie waren schon aus der kollektiven Erinnerung gelöscht worden.

---

[328] Ebenda, S. 159. Aus: ANR, Fond CC al PCR-Cancelarie, Dosar 41/1952, p. 151.
[329] Roman, Cavalerii, S. 12.

8. „Wir nahmen mit der ganzen Seele an den Freuden und Leiden des spanischen Volkes teil"[330] – Schlussbetrachtung

Diese Untersuchung hatte es sich als Aufgabe gestellt, eine Lücke in der Geschichtsschreibung Rumäniens, der Rumänischen Kommunistischen Partei, aber auch der Internationalen Brigaden, zu schließen. Wie schon in der Einleitung und im Verlauf der Arbeit gezeigt wurde, finden die rumänischen Freiwilligen in den Internationalen Brigaden im spanischen Bürgerkrieg fast keine Beachtung in der Historiographie. Dies ist angesichts der Tatsache, dass ihre Anzahl fast ein Drittel der Mitgliederzahl der RKP in der Zwischenkriegszeit betrug, äußerst erstaunlich. Auch wenn im Vergleich dazu ihr quantitativer Einfluss für die Internationalen Brigaden nicht ausschlaggebend gewesen ist, so waren sie hauptsächlich in der Artillerie der spanischen republikanischen Armee eingegliedert und somit qualitativ von großer Bedeutung, vor allem bei Entscheidungsschlachten.

Anhand der Memoirentexte und der unveröffentlichten Quellen konnten die wichtigsten Situationen, Entwicklungen und Erfahrungen der rumänischen Spanienkämpfer nachgezeichnet werden. Ihre Entscheidung, nach Spanien zu gehen, hing mit vielerlei Faktoren zusammen, unter Anderem mit der politischen und sozialen Situation im Rumänien der Zwischenkriegszeit und mit der Entstehungsgeschichte der Rumänischen Kommunistischen Partei. Aufgrund dessen wurde im Verlauf der Arbeit auf diese beiden Elemente ein großer Akzent gesetzt, denn die Motivation der Freiwilligen kann nicht davon losgelöst betrachtet werden.

Als überwiegend agrarisches Land, das sich aus Regionen mit historisch ganz unterschiedlicher Entwicklung zusammensetzte und über substantielle nationale Minderheiten verfügte, war Rumänien kein guter Nährboden für kommunistische Propaganda. Als die RKP dann durch einen gesetzlichen Beschluss 1924 verboten wurde, verschwand sie ganz von der Bildfläche. Ihre Tätigkeit beschränkte sich auf Untergrundaktivitäten innerhalb des Arbeitermilieus in den größeren Städten und basierte auf den Netzwerken der Arbeiter und deren Bekanntenkreise.

---

[330] Anghel, In apărarea, in: Adorian, S. 297.

Die linke Bewegung agierte außerhalb der öffentlichen Szene und sollte nur 1933 durch den Streik bei den Eisenbahn-Werken und 1936 durch den Anfang des spanischen Bürgerkriegs kurzzeitig ins Rampenlicht treten. Für die rumänische Öffentlichkeit waren diese Momente nicht von großer Bedeutung, für die kommunistische Bewegung hingegen waren sie bewusstseinformend. Persönliche Erfahrungen wie der Streik, die Teilnahme am spanischen Bürgerkrieg, das Exil oder die Gefangenschaft formten und bestimmten außerhalb jeglicher ethnischerer oder andersartigen Eigenschaften ihrer Träger das Bewusstsein der rumänischen Kommunisten.[331]

Auch bei der Rekrutierung für die Teilnahme am Bürgerkrieg konnte nur auf die bestehenden Netzwerke des Arbeitermilieus oder der Linksaktivisten mit Vorstrafen zurückgegriffen werden, weil offiziell sowohl das Kämpfen in der Armee eines anderen Landes als auch die Partei und deren Zeitungen an sich verboten waren. Darüber hinaus hing das auch mit dem nur sehr geringen Interesse für den Kommunismus in Rumänien zusammen, in einer Zeit, in der politische Radikalität an der Tagesordnung war, wobei insbesondere die Legion des Erzengel Michael (Eiserne Garde) durch ihre Mischung aus Gewalttaten und legaler Aktivitäten großen Einfluss auszuüben begann. Dieses wiederum ist der Grund dafür, dass nur Personen mit Kontakten zu den Kommunisten zu Spanienkämpfern wurden und andere mit einem ähnlichen sozialen Hintergrund nicht.

Die meisten rumänischen Freiwilligen, die nach Spanien gingen um in den Internationalen Brigaden zu kämpfen, kamen dementsprechend aus dem Arbeitermilieu und hatten schon Verhaftungen und Gefängnisaufenthalte hinter sich. Es waren relativ junge Leute, die durch die soziale und berufliche Ausweglosigkeit aktivistisch geworden waren und auch politisch keine wirklichen Optionen sahen. Sie lehnten sich gegen das bestehende Regime in dem Glauben auf, dass der Kommunismus soziale Gerechtigkeit mit sich bringen könnte. Sie waren geblendet von den Slogans des Weltfriedens und der Gleichheit und zogen, paradoxerweise, im Namen des gleichen Friedens in den Krieg. Ihr Idealismus bewahrte sie davor, den stalinistischen Terror als solchen anzuerkennen. Sie glaubten an die proletarische Solidarität[332], im Namen derer

---

[331] Tismăneanu, Stalinism, S. 102.
[332] Ebenda, S. 73.

sie ihre Familien und ihr Land verließen, um in Spanien gegen den Faschismus zu kämpfen. In dieser Hinsicht unterschied sie nur Weniges – zum Beispiel die mit den Spaniern gemeinsamen lateinischen Wurzeln - von ihren Kameraden aus anderen Ländern Mittel- und Südosteuropas, die unter ähnlichen Bedingungen nach Spanien aufbrachen. Den Enthusiasmus und den Glauben, für eine neue und bessere Menschheit und eine andere Zukunft zu kämpfen, hatten sie alle.

Die wirtschaftliche Depression Ende der 20er Jahre, gepaart mit den hohen Erwartungen, die nach dem Ende des ersten Weltkrieges entstanden waren, verursachten den revolutionären Geist einer ganzen Generation, die von der Wirklichkeit enttäuscht war und von tiefgreifenden Veränderungen träumte. Die rumänischen Spanienkämpfer gehörten dieser Generation an. Die Erfahrung der Ausweglosigkeit, die für die erste oder zweite Arbeitergeneration spezifische Entwurzelung und der politische Aktivismus, vereinigt mit wiederholten Verhören, Verhaftungen und Gefängnisaufenthalten waren Teil der Motivation für viele Freiwilligenmeldungen. Der typische Idealismus der Kommunisten der „ersten Stunde" und der Glaube, durch die eigenen Handlungen etwas zu verändern, etwas bewirken zu können, waren auch Teil der Motivation. In welcher Proportion das eine oder andere ausschlaggebend gewesen sind, ist schwer zu sagen. Für die Teilnahme am spanischen Bürgerkrieg war eigentlich in erster Linie das persönliche Schicksal entscheidend und die Kombination zwischen einer spezifischen familiären Konstellation, der erhöhten Mobilität, der Arbeitslosigkeit, der sozialen und politischen Zugehörigkeit und der Erfahrung der politischen Verfolgung. Von „romantischen Abenteurern" kann in diesem Kontext weniger die Rede sein; eher von einer Mischung zwischen „Überzeugungstätern", die den Krieg als proletarische Pflicht sahen, „Frustrierten", die der Arbeits- und Hoffnungslosigkeit zu entgehen versuchten und „Verfolgten", die den Krieg den Gefängnissen vorzogen.

In den ausgewerteten Erinnerungen ist meist nur vom Idealismus die Rede sowie vom Wunsch, in proletarischer Solidarität dem unterdrückten spanischen Volk zu Hilfe zu eilen. Dabei muss jedoch beachtet werden, dass sich die Schreibenden retrospektiv mit den Geschehnissen befasst haben und dass sie dementsprechend auch versucht waren, ihre eigenen Handlungen und Gefühle in einem mit ihrer späteren Laufbahn sinnvollen Zusammenhang zu stellen. Damit ist gemeint, dass erstens die Sinnkonstruktion im Nachhinein geschieht, wenn also die ursprüngliche Handlung lange zurückliegt und dadurch gleichzeitig fiktive Elemente, neue Deutungsmuster, später erfahrene Informationen und Hintergründe und durch den „Schleier der Zeit" minimalisierte Elemente nebeneinander auftreten. Zweitens waren sie zwar zu dem Zeitpunkt des Bürgerkriegs überzeugte Kommunisten, oder wurden es erst dadurch, es muss aber nach der Erfahrung der Verfolgung im eigenen kommunistischen Staat, den sie aufzubauen geholfen hatten, eine Art von Enttäuschung aufgetreten sein. Diese wird nur im Memoirenband von Roman einigermaßen in der Einleitung ersichtlich. So ist es wahrscheinlich, dass die Betonung von Begriffen wie „proletarische Solidarität" und „internationalistischer Geist" als Leitbild für die Freiwilligen im Kampf eher dazu bestimmt war, diese Diskrepanz zu verbergen.

Für den Idealismus und die extreme Ausweglosigkeit spricht die Tatsache, dass die Freiwilligen auf illegalem, meist qualvollem Wege nach Spanien gelangten. Manch einer schaffte es erst nach einer Feuerprobe von einigen Monaten nach Spanien. Erstaunlich ist dabei, wie gut die Netzwerke der einzelnen europäischen kommunistischen Parteien funktioniert haben, welche sich um die Freiwilligen auf ihrem Weg nach Spanien kümmerten. Allein diese für die damalige Zeit riesige Organisations- und Koordinationsarbeit für das Ziel „Spanien" lässt die Internationalen Brigaden berechtigt als erfolgreichstes gemeinsames Projekt der Kommunisten in der Zwischenkriegszeit erscheinen.

Diskrepanz gab es auch zwischen der spanischen Wirklichkeit, der Wirklichkeit des Krieges und dem von den Freiwilligen Erhofften. Anfangs war zwar noch die euphorische Atmosphäre dominant, welche tief greifende soziale und politische Transformationen ermöglicht hätte. Diese musste sich aber nach einigen Monaten dem Krieg, den politischen Machenschaften und den ersten Versorgungsengpässen unterwerfen. Trotz der offensichtlichen Mängel und der schlechten Ausstattung bekam für die rumänischen Freiwilligen – und nicht nur – das Leben in Spanien einen tieferen Sinn. Nun konnten sie offen gegen den Faschismus und für das, woran sie glaubten, kämpfen. Die Zeit der Gefangenschaft, der Verfolgung, des Untergrunds war vorbei. Jeder spielte eine Rolle in diesem Unternehmen namens Krieg, auch wenn die Wenigsten darauf vorbereitet waren. Man war ein „Kamerad" inmitten von anderen. Der vormals Illegale wurde zu einer Person, die als solche Anerkennung genoss, trotz der

Tatsache, dass er vielleicht sowohl physisch (durch Gefängnis- oder Lageraufenthalte) als auch psychisch für den Krieg nicht geeignet war.

Den Unterschied zwischen der erhofften und der gelebten Wirklichkeit nahmen zwar die meisten wahr, in den Memoiren werden aber die Erfahrungen umstrukturiert und umgedeutet, so dass dieser Unterschied minimalisiert erscheint. Diese Strategie der Umdeutung ließ sie fast nur Informationen auswählen, die die getroffene Entscheidung als richtig erscheinen lassen, während gegenteilige Informationen abgewehrt oder nicht beachtet wurden. Die Nichtübereinstimmung bzw. Unvereinbarkeit zwischen verschiedenen Wahrnehmungen, Meinungen oder Verhaltensweisen wie ebenso die daraus abgeleitete Spannung (z.B. ein Unlustgefühl), verursachte das Vermeiden nicht miteinander übereinstimmender kognitiver Elemente, wodurch die erlebte kognitive Dissonanz reduziert wurde. Mit anderen Worten: Die rumänischen Spanienkämpfer hatten sich entschlossen, nach Spanien zu gehen, hatten einen oft qualvollen Weg hinter sich, konnten nicht nach Rumänien zurückkehren und mussten schon allein deswegen die Wirklichkeit akzeptieren. Wenn aber die Diskrepanz zwischen Erhofftem und Wirklichkeit zu groß war, mussten sie, um den aufgebrachten Aufwand trotz allem als „legitim" erscheinen zu lassen (auch was die Niederlage betrifft), die Wirklichkeit umdeuten; ansonsten hätten sie sich selbst und sogar den Kommunismus in Frage stellen müssen.

Ein Merkmal dieser Strategie der Selbstlegitimierung sind die immer auftauchenden Analogien zwischen Spanien und Rumänien (oft geographischer und psychologischer Natur), beziehungsweise zwischen der Gerechtigkeit des Kampfes in Spanien und dessen Bedeutung für den Kampf in Rumänien. Ein anderes Merkmal ist die Tatsache, dass die Erzählenden in den Memoiren Spanien und ihr Verhältnis zu den Menschen dort in einem zu guten und idealistischen Licht rücken. Auf der anderen Seite ist es aber offensichtlich, dass sich die Freiwilligen mehr und mehr abgrenzten, trotz der Behauptung, dass sie mit ihrer ganzen Seele an den Erfolgen und den Leiden des spanischen Volkes teilnahmen. Erst da entstand, durch eben diese Abgrenzung und die schon bestehenden Netzwerke, eine richtige Gemeinschaft, die unter den gegebenen Umständen des Krieges möglich wurde. Diese Gemeinschaft sollte in Rumänien nach 1945 eine relativ große Rolle spielen; der große Zusammenhalt, der durch die Erfahrung des Bürgerkriegs entstanden war, sollte den Spanienkämpfern aber auch zum Verhängnis werden.

Über den Aufenthalt in den Lagern in Südfrankreich und über die darauffolgenden Jahre, ob in der Résistance oder in der UdSSR, ist relativ wenig aus Zeugenberichten rumänischer Spanienkämpfer bekannt. Die Enttäuschung muss aber nicht nur wegen des Sieges Francos, was ihre eigenen Versuche und Ideale sicherlich in Frage gestellt hat, extrem groß gewesen sein, sondern auch wegen der mangelnden Anerkennung und der Unmöglichkeit, weiter tätig zu sein. Das Engagement vieler rumänischer Spanienkämpfer in der französischen Résistance kann in dieser Hinsicht auch als Verzweiflungsakt gesehen werden, als einziger Ausweg, den eigenen Zielen noch treu zu bleiben. Am schmerzvollsten war aber sicherlich die Einsicht, dass man auch in Rumänien, für welches man eigentlich gekämpft hatte, nicht anerkannt wurde, sondern nach 1952 den Stempel eines Vaterlandverräters und Antikommunisten aufgedrückt bekam. Vermutlich war der damit verbundene soziale Abstieg weniger bedeutsam als die Einsicht, umsonst so lange gekämpft zu haben. Die Rehabilitierung kam für viele zu spät und blieb für die große Öffentlichkeit unbedeutend.

Genau dieses ist das Merkmal, welches die rumänischen Spanienkämpfer von anderen Spanienkämpfern unterscheidet: Die Virulenz, mit der Gheorghiu-Dej gegen sie vorgegangen ist, bleibt ebenso einmalig wie das Vergessen, das sich über ihren Einsatz gegen den Faschismus gelegt hat.

Was hat der Spanieneinsatz letztendlich gebracht? Für die Freiwilligen selbst war es eine einmalige Erfahrung, die ihr Bewusstsein formte und Netzwerke herstellte, die über viele Jahre hinweg aufrechterhalten wurden. Es war aber auch die Erfahrung von Nichtwürdigung, Erniedrigung und Vergessen. Für die Rumänische Kommunistische Partei in der Zwischenkriegszeit war es eindeutig das erfolgreichste von ihr bestrittene „Projekt" und gleichzeitig eine Möglichkeit, einige Zeit lang im Rampenlicht zu stehen und viele ihrer Mitglieder aus der Verfolgung durch die Staatssicherheit zu erlösen. Nach 1952 wurde der Spanieneinsatz zum Albtraum des Parteisekretärs und deswegen zum Tabuthema, was sich trotz einiger Versuche, das Thema Anfang der 70er Jahre wieder aufzugreifen, nicht änderte.

9. Quellen- und Literaturverzeichnis

9.1. Quellen

Gedruckte Quellen und Quellensammlungen:

Adorian, Gheorghe u.A. (Hgg.): Voluntari români în Spania 1936-1939. Amintiri şi documente [Rumänische Freiwillige in Spanien 1936-1939. Erinnerungen und Dokumente]. Bukarest 1971.

Dimitroff, Georgi: Tagebücher 1933-1943. Berlin 2000. Herausgegeben von Bernhard H. Bayerlein.

Für Spaniens Freiheit. Österreicher an der Seite der Spanischen Republik 1936-1939. Eine Dokumentation. Wien 1986. Herausgegeben vom Dokumentationsarchiv des österreichischen Widerstandes.

Longo, Luigi (Gallo): Die Internationalen Brigaden in Spanien. Berlin 1958.

Österreicher im spanischen Bürgerkrieg: Interbrigadisten berichten über ihre Erlebnisse 1936 bis 1945. Wien 1986. Herausgegeben von der "Vereinigung Österreichischer Freiwilliger in der Spanischen Republik 1936-1939" und der "Freunde des Demokratischen Spaniens".

Radosh, Ronald/ Habeck, Mary R./ Sevostianov, Grigory (Hgg.): Spain betrayed. The Soviet Union and the Spanish Civil War. London/ New Haven 2001.

Roman, Valter: Sub cerul Spaniei. Cavalerii speranţei. (Amintiri) [Unter dem Himmel Spaniens. Ritter der Hoffnung. (Erinnerungen)]. Bukarest 1972.

Literarische Quellen:

Aub, Max: Am Ende der Flucht (Campo francés). Frankfurt am Main 2002.

Orwell, George: Homage to Catalonia. London 1996.

Schlattner, Eginald: Rote Handschuhe. München 2003.

Unveröffentlichte Interviews:

Interviews von Robert Levy mit Carol Neumann, Wilhelm Einhorn, Jean Coler, Hermina Tismăneanu, Ilie Zaharia. Freundlicherweise erhalten von Robert Levy.

Archivmaterial:

Arhivele Naţionale ale României [ANR, Rumänisches Nationalarchiv], Bukarest: Mikrofilmrolle Nummer 1-106-101-82-423.

Filmmaterial und sonstige Internet-Quellen:

„Die Internationalen Brigaden – Freiwillige im spanischen Bürgerkrieg". Arte / SDR 1996.

Interview mit Pablo Escribano. Interview-Reihe mit Überlebenden des KZ Mauthausen, Österreich, einsehbar als Film unter http://www.mauthausen-memorial.at [15.12.2006].

http://gurs.free.fr/histoire.html [05.03.2006].

http://golm.rz.uni-potsdam.de/Seghers/frankreich/Besonderheitem.htm [05.03.2006].

9.2. Sekundärliteratur:

Anderson, James M.: The Spanish Civil War. A History and Reference Guide. Westport / London 2003.

Babici, Ion: La solidarité militante antifasciste en Roumanie 1933-1939. Bukarest 1976.

Bartosek, Karel / Gallisot, René / Peschanski, Denis (Hgg.): De l'exil à la résistance. Réfugiés et immigrés d'Europe Centrale en France, 1933-1945. Paris 1989.

Berg, Angela : Die Internationalen Brigaden im Spanischen Bürgerkrieg. Essen 2005.

Bernecker, Walther L.: Spanische Geschichte von der Reconquista bis heute. Darmstadt 2002.

Betea, Lavinia: Elisabeta Luca, o femeie pe frontul din Spania [Elisabeta Luca, eine Frau an der spanischen Front]. Online-Edition des "Jurnalul Naţional"; http://www.jurnalul.ro/ articol34195 [21.11.2006].

Beyrau, Dietrich: Petrograd, 25. Oktober 1917. Die russische Revolution und der Aufstieg des Kommunismus. München 2001.

Bolloten, Burnett: The Grand Camouflage. The Communist Conspiracy in the Spanish Civil War. New York² 1968.

Ders.: The Spanish Civil War. New York 1991.

Broué, Pierre; Histoire de l'Internationale Communiste 1919-1943. Paris 1997.

Campus, Eliza: Les relations entre la Roumanie et l'Espagne (1928-1939), in : Revue Roumanie d'Histoire 25(3) / 1986, S. 129-147.

Castells, Andreu: Las Brigadas Internacionales de la Guerra de España. Barcelona 1974.

Constantinescu-Iaşi, P./ Babici, Ion: La participation du peuple roumain a la lutte internationale antifasciste, in: Revue Roumaine d'Historie 8 (4)/ 1969, S. 731-750.

Courtois, Stéphane/ Peschanski, Denis/ Rayski, Adam: L`Affiche Rouge. Immigranten und Juden in der französischen Résistance. Berlin 1994.

Dobre, Florica (Hg.): Membrii CC ai PCR, 1945-1989 [Die Mitglieder des ZK der RKP, 1945-1989]. Bukarest 2004.

Ellwood, Sheelagh: Spanish Fascism in the Franco Era. Falange Española de las JONS 1936-1939. Basingstoke 1987.

Frunză, Victor: Istoria stalinismului în România [Geschichte des Stalinismus in Rumänien]. Bukarest 1990.

Geschichte der Kommunistischen Partei der Tschechoslowakei. Herausgegeben vom Institut für Marxismus-Leninismus beim ZK der KPTsch. Berlin 1981.

Graham, Helen: The Spanish Republic at War. Cambridge 2002.

Guereña, Jean-Louis: Armée, société et politique dans l`Espagne contemporaine 1808-1939. Nantes 2003.

Heinen, Armin: Die Legion „Erzengel Michael" in Rumänien. Soziale Bewegung und politische Organisation. Ein Beitrag zum Problem des internationalen Faschismus. München 1986.

Hitchins, Keith: An Outline History of the Communist Movement in Rumania, 1917-1944, in: Jahrbuch für Historische Kommunismusforschung 1998, S. 51-76.

Ders.: Romania, 1866-1947. Bukarest 2003[3].

Hommel, Klaus: Die Internationalen Brigaden im Spanischen Bürgerkrieg 1936-1939. Regensburg 1990.

Howson, Gerald: Arms for Spain. The Untold Story of the Spanish Civil War. London 1998.

Huber, Peter/ Uhl, Michael: Politische Überwachung und Repression in den Internationalen Brigaden (1936-1939), in: Forum für osteuropäische Ideen- und Zeitgeschichte 2(5)/2001, S. 121-159.

Iancu, Carol: Les juifs en Roumanie (1919-1938): de l`émancipation à la marginalisation. Paris 1996.

International Solidarity with the Spanish Republic, 1936-1939. Herausgeber: Academy of Sciences of the USSR u.A. Moskau 1976.

Johnston, Verle B.: Legions of Babel. The International Brigades in the Spanish Civil War. University Park 1957.

King, Robert R.: A History of the Romanian Communist Party. Stanford 1980.

Levy, Robert: Ana Pauker. The Rise and Fall of a Jewish Communist. Berkeley 2001.

Luks, Leonid: Entstehung der kommunistischen Faschismustheorie. Die Auseinandersetzung der Komintern mit Faschismus und Nationalsozialismus 1921-1935. Stuttgart 1984. [Studien zur Zeitgeschichte, Band 26].

Lustiger, Arno: Schalom Libertad! Juden im Spanischen Bürgerkrieg. Frankfurt am Main 1989.

McDermott, Kevin / Agnew, Jeremy : The Comintern. A History of International Communism from Lenin to Stalin. London / Basingstoke 1996.

McLellan, Josie: Antifascism and Memory in East Germany. Remembering the International Brigades 1945-1989. Oxford 2004.

Minea, Stan/ Florescu, Mihail: Solidari cu Spania frontului popular la chemarea partidului comunist român [Solidarität mit der Volksfront in Spanien beim Ruf der Rumänischen Kommunistischen Partei], in: Magazin Istoric 5 (49)/ 1971, S. 13-20.

Nolte, Ernst: Der europäische Bürgerkrieg 1917-1945. Nationalsozialismus und Bolschewismus. Frankfurt am Main / Berlin 1987.

Ornea, Zigu: Anii treizeci. Extrema dreaptă românească [Die dreißiger Jahre. Die rumänische Rechtsextreme]. Bukarest 1995.

Payne, Stanley G.: The Spanish Civil War, the Soviet Union, and Communism. London/ New Haven 2004.

Preston, Paul: The Spanish Civil War 1936-1939. London 1990.

Richardson, Dan R.: Comintern Army. The International Brigades in the Spanish Civil War. Lexington 1982.

Roman, Valter: 35 de ani de la crearea brigăzilor internaţionale din Spania [35 Jahre seit der Entstehung der Internationalen Brigaden in Spanien], in: Anale de Istorie 18 (1) / 1972, S. 166-168.

Ruhl, Klaus-Jörg: Der Spanische Bürgerkrieg. Literaturbericht und Bibliographie. Koblenz. Bd. I 1982, Bd. II 1988.

Schauff, Frank: Der verspielte Sieg. Sowjetunion, Kommunistische Internationale und Spanischer Bürgerkrieg 1936-1939. Frankfurt am Main 2004.

Schramm, Gottfried (Hg.): Handbuch der Geschichte Russlands. Stuttgart 1992. Band 3: 1856-1945. Von den autokratischen Reformen zum Sowjetstaat.

Schröder, Wilhelm Heinz: Lebenslauf und Gesellschaft. Zum Einsatz von kollektiven Biographien in der historischen Sozialforschung. Stuttgart 1985.

Ştefănescu, Marian: Din istoria relaţiilor diplomatice româno-spaniole. Jean Th. Florescu şi misiunea sa la Madrid. [Aus der Geschichte der spanisch-rumänischen diplomatischen Beziehungen. Jean Th. Florescu und seine Mission in Madrid.] Aus: eBooks der Universität Bukarest, Rumänien, zum Thema „Geschichte und Ideologie", koordiniert von Manuela Dobre. Bukarest 2003. http://www.unibuc.ro/eBooks/istorie/ideologie/18.htm [10.01.2006].

Stein, Louis: Beyond Death and Exile. The Spanish Republicans in France, 1939 – 1955. Cambridge/ London 1976.

Stephan, Anke: Erinnertes Leben: Autobiographien, Memoiren und Oral-History-Interviews als historische Quellen. In: Digitales Handbuch zur Geschichte und Kultur Russlands und Europas, http://www.vifaost.de/w/pdf/stephan-selbstzeugnisse.pdf [23.01.2006].

Sugarman, Martin: Jews in the Spanish Civil War. http://www.jewishvirtuallibrary.org/source/History/sugar12.html [05.03.2006].

Tănase, Stelian: Clienții lu' Tanti Varvara. Istorii Clandestine [Die Klienten der Tante Varvara. Untergrundgeschichten]. Bukarest 2005.

Tismăneanu, Vladimir: Stalinism for All Seasons. A Political History of Romanian Communism. Berkeley 2003.

Toch, Joseph: Juden im Spanischen Krieg 1936-1939, in: Zeitgeschichte I Nr. 7/1974, S. 157-170.

Vaksberg, Arkadi: Hôtel Lux. Les partis frères au service de l'Internationale communiste. Paris 1993.

Van Wyen Thomas, Ann/ Thomas, A.J., Jr.: The Civil War in Spain, in: Falk, Richard A. (Hg.): The International Law of Civil War. Baltimore / London 1971, S. 111 –175.

Veiga, Francisco : La guerra de las embajadas. La falange exterior española en Rumania y Oriente Medio, 1936-1944, in: Revue Roumanie d'Histoire 29 (3-4) /1990, S. 321-335.

Vidal, César: Las Brigadas Internacionales. Madrid 1998.

Vilar, Pierre: Der spanische Bürgerkrieg 1936-1939. Berlin 1999.

10. Anhang

Verzeichnis der Tabellen

Verzeichnis der Abbildungen

Abkürzungen

CEDA   Confederación Española de Derechas Autónomas (Spanische Konföderation der Autonomen Rechten)

CNT-FAI   Confederación Nacional del Trabajo – Fedéracion Anarquista Ibérica (Nationale Arbeitskonföderation – Anarchistische Iberische Föderation)

FTP-MOI   Francs-Tireurs Partisans / Main-d´Œuvre Immgreé (Freischärler und Partisanen/ immigrierte Arbeitskräfte)

Komintern Kommunistische oder III. Internationale

KPÖ   Kommunistische Partei Österreichs

KPTsch   Kommunistische Partei der Tschechoslowakei

PCE   Partido Comunista Español (Kommunistische Partei Spaniens)

POUM   Partido Obrero de Unificación Marxista (Arbeiterpartei der Marxistischen Einheit)

PSOE   Partido Socialista Obrero Español (Sozialistische Arbeiterpartei Spaniens)

RKP   Rumänische Kommunistische Partei

UdSSR   Union der Sozialistischen Sowjetrepubliken

***ibidem*-Verlag**

Melchiorstr. 15

D-70439 Stuttgart

info@ibidem-verlag.de

www.ibidem-verlag.de
www.ibidem.eu
www.edition-noema.de
www.autorenbetreuung.de